DIE VERSCHWÖRUNG CATILINAS

TUSCULUM STUDIENAUSGABEN

SALLUST

DIE VERSCHWÖRUNG CATILINAS
CATILINAE CONIURATIO

Lateinisch – deutsch

Herausgegeben, übersetzt und kommentiert
von Josef Lindauer

3. Auflage 2012

AKADEMIE VERLAG

Bibliografische Information der Deutschen Nationalbibliothek
Die Deutsche Nationalbibliothek verzeichnet diese Publikation
in der Deutschen Nationalbibliografie;
detaillierte bibliografische Daten sind im Internet
über http://dnb.d-nb.de abrufbar.

3. Auflage 2012

Ein Wissenschaftsverlag der Oldenbourg Gruppe

www.akademie-verlag.de

Einbandgestaltung: Gabriele Burde, Berlin
Satz: Fotosatz Moers, Viersen
Druck und Bindung: Grafo, S. A., E-Basauri

Dieses Papier ist alterungsbeständig nach DIN/ISO 9706.

ISBN 978-3-05-005751-4

INHALT

CATILINAE CONIURATIO

1 Omnis homines, qui sese student praestare ceteris ani-
malibus, summa ope niti decet, ne vitam silentio trans-
eant veluti pecora, quae natura prona atque ventri
2 oboedientia finxit. sed nostra omnis vis in animo et cor-
pore sita est: animi imperio, corporis servitio magis uti-
mur – alterum nobis cum dis, alterum cum beluis com-
3 mune est. quo mihi rectius videtur ingeni quam virium
opibus gloriam quaerere et, quoniam vita ipsa, qua frui-
mur, brevis est, memoriam nostri quam maxume lon-
4 gam efficere. nam divitiarum et formae gloria fluxa at-
que fragilis est, virtus clara aeternaque habetur.

5 Sed diu magnum inter mortalis certamen fuit, vine
corporis an virtute animi res militaris magis procederet.
6 nam et, prius quam incipias, consulto et, ubi consulu-
7 eris, mature facto opus est. ita utrumque per se indigens
alterum alterius auxilio eget.

2 Igitur initio reges – nam in terris nomen imperi id
primum fuit – divorsi pars ingenium, alii corpus exerce-
bant. etiam tum vita hominum sine cupiditate agitaba-
2 tur, sua quoique satis placebant. postea vero quam in
Asia Cyrus, in Graecia Lacedaemonii et Athenienses
coepere urbis atque nationes subigere, lubidinem domi-
nandi causam belli habere, maxumam gloriam in maxu-
mo imperio putare, tum demum periculo atque negotiis
conpertum est in bello plurumum ingenium posse.

3 Quod si regum atque imperatorum animi virtus in
pace ita ut in bello valeret, aequabilius atque constan-
tius sese res humanae haberent, neque aliud alio ferri

DIE VERSCHWÖRUNG CATILINAS

VORWORT

1 Alle Menschen, die höherstehen möchten als die übrigen Geschöpfe, sollten mit aller Kraft danach streben, nicht in Stille durchs Leben zu gehen wie das Vieh, das die Natur so gemacht hat, daß es gebeugt geht und nur dem Bauch gehorcht. Unsere ganze Stärke beruht jedoch auf Geist und Körper: Der Geist ist das Herrschende, der Körper mehr das Dienende bei uns – den einen haben wir mit den Göttern, den andern mit den Tieren gemein. Daher scheint es mir richtiger, mit den Kräften des Verstandes Ruhm zu suchen als mit denen des Leibes und uns ein möglichst langdauerndes Andenken zu schaffen, weil das Leben, dessen wir uns freuen dürfen, selber ja nur kurz ist. Denn der Ruhm, den uns Geld und gutes Aussehen bringen, ist flüchtig und hinfällig, eine geistige Leistung aber ein herrlicher und unvergänglicher Besitz.

Übrigens war es lange eine große Streitfrage unter den Menschen, ob Körperstärke oder Geisteskraft im Kriegswesen mehr ausrichte. Denn ehe man beginnt, bedarf es der Überlegung, und wenn man überlegt hat, rechtzeitiger Ausführung. So ist jedes für sich allein unzureichend, eins braucht die Ergänzung durch das andere.

2 In der Frühzeit gingen daher die Könige – denn auf der Welt war dies die erste Regierungsform – entgegengesetzte Wege: teils setzten sie ihre Geistesgaben, andere ihre Körperkräfte ein. Damals verlief das Leben der Menschen noch ohne Begehrlichkeit, jedem genügte und gefiel das Seine. Als aber Kyros in Asien, in Griechenland die Lakedaimonier und Athener dazu übergingen, andere Städte und Völker zu unterjochen, das Streben nach Herrschaft als hinreichenden Kriegsgrund zu nehmen und den größten Ruhm in der größten Machtausdehnung zu sehen, da erst wurde bei gewagten Unternehmungen die Erfahrung gemacht, daß im Kriege das meiste doch der Geist ausrichte.

Käme nun die geistige Kraft der Könige und Machthaber im Frieden ebenso zur Wirkung wie im Kriege, dann würden sich die Verhältnisse bei den Menschen ausgeglichener und beständiger gestalten, und man müßte nicht mit ansehen, wie alles in verschie-

4 neque mutari ac misceri omnia cerneres. nam imperium
5 facile iis artibus retinetur, quibus initio partum est; ve-
rum ubi pro labore desidia, pro continentia et aequitate
lubido atque superbia invasere, fortuna simul cum mori-
6 bus inmutatur. ita imperium semper ad optumum
quemque a minus bono transfertur.

7 Quae homines arant navigant aedificant, virtuti om-
8 nia parent. sed multi mortales, dediti ventri atque som-
no, indocti incultique vitam sicuti peregrinantes trans-
igere; quibus profecto contra naturam corpus voluptati,
anima oneri fuit. eorum ego vitam mortemque iuxta
9 aestumo, quoniam de utraque siletur. verum enim vero
is demum mihi vivere atque frui anima videtur, qui ali-
quo negotio intentus praeclari facinoris aut artis bonae
famam quaerit.

3 Sed in magna copia rerum aliud alii natura iter osten-
dit: pulchrum est bene facere rei publicae, etiam bene
dicere haud absurdum est; vel pace vel bello clarum fieri
licet; et qui fecere et qui facta aliorum scripsere, multi
2 laudantur. ac mihi quidem, tametsi haudquaquam par
gloria sequitur scriptorem et actorem rerum, tamen in
primis arduom videtur res gestas scribere: primum quod
facta dictis exaequanda sunt; dehinc quia plerique, quae
delicta reprehenderis, malevolentia et invidia dicta pu-
tant, ubi de magna virtute atque gloria bonorum memo-
res, quae sibi quisque facilia factu putat, aequo animo
accipit, supra ea veluti ficta pro falsis ducit.

3 Sed ego adulescentulus initio sicuti plerique studio ad
rem publicam latus sum, ibique mihi multa advorsa fu-
ere. nam pro pudore, pro abstinentia, pro virtute auda-
4 cia, largitio, avaritia vigebant. quae tametsi animus

dene Richtungen treibt und drunter und drüber geht. Eine Herrschaft läßt sich nämlich leicht durch dieselben Mittel festhalten, mit denen sie zu Anfang gewonnen wurde. Sobald jedoch statt Anstrengung Bequemlichkeit, statt Selbstbeherrschung und Gerechtigkeit Genußgier und Überheblichkeit eingerissen sind, da wandelt sich mit der sittlichen Haltung zugleich auch die äußere Lage. So geht die Herrschaft stets von einem weniger Tüchtigen auf den jeweils Tüchtigsten über.

Was die Menschen durch Ackern, Seefahrt und Hausbau schaffen, ist alles von der geistigen Kraft bestimmt. Dennoch gehen viele Menschen, nur dem Bauch und Schlafen frönend, ohne Wissen und ohne Bildung durchs Leben wie Reisende in der Fremde. Für sie jedenfalls bedeutet – im Gegensatz zu ihrer natürlichen Bestimmung – der Körper bloß Sinnenlust, die Seele aber eine Last. Bei ihnen werte ich Leben und Tod gleich, da man über beides nicht spricht. Hingegen scheint mir erst der wahrhaft zu leben und sein Dasein zu nützen, der, auf irgendeine Aufgabe ausgerichtet, die Anerkennung sucht, die man durch eine glanzvolle Leistung oder gute Fähigkeiten erhält.

3 Bei der großen Fülle von Möglichkeiten aber weist die natürliche Veranlagung jedem einen anderen Weg. Es ist schön, gut für den Staat zu wirken, aber auch gut für ihn zu reden ist nicht ohne Sinn. Man kann im Frieden oder im Krieg berühmt werden; wer selbst Taten vollbracht hat und wer über die Taten anderer geschrieben hat, findet vielfach Anerkennung. Und wenn auch dem, der Geschichte schreibt, durchaus nicht der gleiche Ruhm folgt wie dem, der Geschichte macht, scheint es mir doch höchst schwierig, Geschichte zu schreiben: fürs erste weil die Taten in den Worten ihre genaue Entsprechung haben müssen, sodann weil die meisten das Anprangern von Fehlern bloß als Ausdruck der Böswilligkeit und der Mißgunst betrachten; berichtet man aber von großer Tüchtigkeit und vom Ruhm rechtschaffener Männer, so nimmt ein jeder die Leistungen, die er sich selbst auch leicht zutraut, gleichgültig hin, alles darüber hinaus hält er wie frei Erfundenes für falsch.

Ich persönlich fühlte mich als junger Mensch zunächst, wie die meisten, aus Neigung zur Politik hingezogen; dort aber gab es für mich vieles Widerwärtige. Denn statt Anstand, statt Selbstlosigkeit, statt Redlichkeit herrschten Frechheit, Bestechung und Habgier. Mochte ich mich in meinem Empfinden auch daran

aspernabatur insolens malarum artium, tamen inter tan-
5 ta vitia inbecilla aetas ambitione conrupta tenebatur; ac
me, quom ab reliquorum malis moribus dissentirem,
nihilo minus honoris cupido eadem, quae ceteros, fama
atque invidia vexabat.

4 Igitur ubi animus ex multis miseriis atque periculis
requievit et mihi reliquam aetatem a re publica procul
habendam decrevi, non fuit consilium socordia atque
desidia bonum otium conterere, neque vero agrum co-
lundo aut venando, servilibus officiis, intentum aetatem
2 agere; sed a quo incepto studioque me ambitio mala
detinuerat, eodem regressus statui res gestas populi Ro-
mani carptim, ut quaeque memoria digna videbantur,
perscribere, eo magis, quod mihi a spe metu partibus rei
publicae animus liber erat.

3 Igitur de Catilinae coniuratione, quam verissume po-
4 tero, paucis absolvam; nam id facinus in primis ego me-
5 morabile existumo sceleris atque periculi novitate. de
quoius hominis moribus pauca prius explananda sunt,
quam initium narrandi faciam.

5 L. Catilina, nobili genere natus, fuit magna vi et ani-
2 mi et corporis, sed ingenio malo pravoque. huic ab adu-
lescentia bella intestina, caedes, rapinae, discordia civi-
3 lis grata fuere, ibique iuventutem suam exercuit. corpus
patiens inediae, algoris, vigiliae supra quam quoiquam
4 credibile est. animus audax, subdolus, varius, quoius rei

stoßen, da ich mit den üblen Machenschaften nicht vertraut war, so wurde meine ungefestigte Jugend in einer derart lasterhaften Umgebung doch vom Ehrgeiz gepackt und verdorben; und obwohl ich mit dem schlechten Treiben der übrigen innerlich nicht einverstanden war, führte meine Ehrsucht trotzdem dazu, daß ich unter dem nämlichen gehässigen Gerede zu leiden hatte wie die übrigen.

4 Als ich dann aus vielen Mißlichkeiten und Fährnissen heraus zur inneren Ruhe gefunden hatte und es für mich feststand, daß ich mein weiteres Leben fern von der Politik verbringen müsse, da war es nicht meine Absicht, die wertvolle Ruhezeit mit untätigem Herumsitzen zu vertrödeln und schon gar nicht in der Beschäftigung mit Ackerbau oder Jagd, Sklavendiensten!, mein Leben zu verbringen; vielmehr kehrte ich zu derselben Unternehmung und Betätigung zurück, von der mich der leidige Ehrgeiz abgehalten hatte, und beschloß, die Geschichte des römischen Volkes in ausgewählten Abschnitten, wie sie mir jeweils der Überlieferung wert schienen, genau niederzuschreiben, und dies um so mehr, als ich mich von Erwartung, Furcht und Parteienpolitik innerlich frei wußte.

URSACHEN DER VERSCHWÖRUNG

So will ich denn über die Verschwörung Catilinas, so wahrheitsgetreu, wie ich es vermag, eine kurze Darstellung geben; denn dieses Ereignis halte ich persönlich für besonders denkwürdig wegen der Unerhörtheit des Verbrechens und der Gefahr. Bevor ich aber mit der eigentlichen Erzählung beginne, muß noch einiges über den Charakter dieses Menschen dargelegt werden.

Catilinas Charakter

5 Lucius Catilina, einer vornehmen Familie entstammend, besaß große Geistes- und Körperkraft, aber einen schlechten, mißratenen Charakter. Von jung auf fand er an inneren Kriegen, Mord, Raub und Bürgerzwist sein Gefallen; darin übte er sich in seiner Jugendzeit. Hunger, Kälte und Wachdienst ertrug er mit schier unglaublicher Ausdauer. Er war ein verwegener, heimtückischer,

lubet simulator ac dissimulator, alieni adpetens, sui pro-
5 fusus, ardens in cupiditatibus; satis eloquentiae, sapien-
tiae parum. vastus animus inmoderata, incredibilia, ni-
6 mis alta semper cupiebat. hunc post dominationem Luci
Sullae lubido maxuma invaserat rei publicae capiundae,
neque, id quibus modis adsequeretur, dum sibi regnum
7 pararet, quicquam pensi habebat. agitabatur magis ma-
gisque in dies animus ferox inopia rei familiaris et con-
scientia scelerum, quae utraque iis artibus auxerat, quas
8 supra memoravi. incitabant praeterea conrupti civitatis
mores, quos pessuma ac divorsa inter se mala, luxuria
atque avaritia, vexabant.

9 Res ipsa hortari videtur, quoniam de moribus civitatis tempus admonuit, supra repetere ac paucis instituta maiorum domi militiaeque, quo modo rem publicam habuerint quantamque reliquerint, ut paulatim inmutata ex pulcherruma ⟨atque optuma⟩ pessuma ac flagitiosissuma facta sit, disserere.

6 Urbem Romam, sicuti ego accepi, condidere atque
habuere initio Troiani, qui Aenea duce profugi sedibus
incertis vagabantur, cumque iis Aborigines, genus ho-
minum agreste, sine legibus, sine imperio, liberum at-
2 que solutum. hi postquam in una moenia convenere,
dispari genere, dissimili lingua, alius alio more viventes,
incredibile memoratu est, quam facile coaluerint: ⟨ita
brevi multitudo divorsa atque vaga concordia civitas
3 facta erat⟩. sed postquam res eorum civibus moribus
agris aucta satis prospera satisque pollens videbatur, sic-
uti pleraque mortalium habentur, invidia ex opulentia

unsteter Mensch, ein Heuchler und Hehler in jedem Bereich, nach fremdem Besitz gierend, den eigenen verschwendend, glühend in seinen Leidenschaften; Redegabe hatte er reichlich, Vernunft aber zuwenig. In seiner Hemmungslosigkeit steckte er sich immer maßlose, verstiegene, allzu hohe Ziele. Diesen Menschen hatte seit Lucius Sullas Gewaltherrschaft stärkstes Verlangen ergriffen, die Macht im Staate an sich zu reißen; mit welchen Mitteln er dieses Ziel erreichen könne, war ihm ganz unwichtig, wenn er sich nur die alleinige Macht verschaffe. In seiner Getriebenheit ward er von Tag zu Tag mehr und mehr gehetzt durch seine ausweglose Vermögenslage und durch das Bewußtsein seiner Verbrechen; beides hatte er infolge der obenerwähnten Eigenschaften noch verschlimmert. Einen Anreiz bot außerdem der sittliche Tiefstand des Staates, den Verschwendungssucht und Habgier, die zwei übelsten und einander entgegengesetzten Laster, zerrütteten.

Aufstieg und Niedergang Roms

Da mich die Gelegenheit auf die sittlichen Zustände unseres Staates geführt hat, legt es offenbar mein Stoff als solcher schon nahe, weiter zurückzugreifen und kurz die Einrichtungen unserer Vorfahren im Krieg und Frieden zu erörtern: auf welche Weise sie ihren Staat verwaltet und in welcher Größe sie ihn hinterlassen haben, wie er sich nach und nach verändert hat und wie aus dem schönsten ⟨und besten⟩ der schlechteste und verworfenste geworden ist.

6 Die Stadt Rom gründeten und bewohnten, wie ich der Überlieferung entnommen habe, in der Frühzeit Troer, die unter Führung des Aeneas als Flüchtlinge ohne feste Wohnsitze herumzogen, und mit ihnen die Aboriginer, ein bäuerlicher Menschenschlag ohne Gesetze und ohne Regierung, frei und ungebunden. Nachdem sich diese Stämme in denselben Mauern zusammengefunden hatten, sind sie trotz ungleicher Herkunft, unähnlicher Sprache, und obwohl sie jeweils verschiedene Lebensweise hatten, überraschend leicht miteinander verschmolzen. ⟨So war in kurzer Zeit aus einer ungleichen und unsteten Menge durch ihr Zusammengehörigkeitsgefühl ein Gemeinwesen entstanden.⟩ Als aber ihr Staat hinsichtlich Bevölkerungszahl, Gesittung und Ackerland zugenommen hatte und offensichtlich schon recht blühend und

4 orta est. igitur reges populique finitumi bello temptare;
pauci ex amicis auxilio esse, nam ceteri metu perculsi a
5 periculis aberant. at Romani domi militiaeque intenti
festinare, parare, alius alium hortari, hostibus obviam
ire, libertatem patriam parentisque armis tegere. post,
ubi pericula virtute propulerant, sociis atque amicis au-
xilia portabant magisque dandis quam accipiundis bene-
6 ficiis amicitias parabant. imperium legitumum, nomen
imperi regium habebant. delecti, quibus corpus annis
infirmum, ingenium sapientia validum erat, rei publicae
consultabant; hi vel aetate vel curae similitudine patres
7 appellabantur. post ubi regium imperium, quod initio
conservandae libertatis atque augendae rei publicae
fuerat, in superbiam dominationemque se convortit, in-
mutato more annua imperia binosque imperatores sibi
fecere; eo modo minume posse putabant per licentiam
insolescere animum humanum.

7 Sed ea tempestate coepere se quisque magis extollere
2 magisque ingenium in promptu habere. nam regibus bo
ni quam mali suspectiores sunt, semperque iis aliena
3 virtus formidulosa est. sed civitas incredibile memoratu
est adepta libertate quantum brevi creverit: tanta cupi-
4 do gloriae incesserat. iam primum iuventus, simul ac
belli patiens erat, in castris per laborem usum militiae
discebat, magisque in decoris armis et militaribus equis
5 quam in scortis atque conviviis lubidinem habebant. igi-
tur talibus viris non labor insolitus, non locus ullus asper
aut arduos erat, non armatus hostis formidulosus: virtus
6 omnia domuerat. sed gloriae maxumum certamen inter
ipsos erat: se quisque hostem ferire, murum ascendere,
conspici, dum tale facinus faceret, properabat. eas divi-
tias, eam bonam famam magnamque nobilitatem puta-
bant. laudis avidi, pecuniae liberales erant; gloriam in-
7 gentem, divitias honestas volebant. memorare possum,

recht stark war, da rief der Wohlstand – so geht es meistens bei den Menschen – Neid hervor. Daher wurden sie von Königen und freien Völkern aus den Nachbargebieten in Kriege verwickelt. Nur wenige von ihren Freunden boten Beistand, denn die übrigen blieben aus Furcht den Gefahren fern. Die Römer jedoch, einsatzbereit im Frieden und im Krieg, handelten rasch, trafen Vorbereitungen, ermutigten einander, rückten den Feinden entgegen und schirmten Freiheit, Vaterland und Elternhaus mit ihren Waffen. Sobald sie dann in ihrer Tapferkeit die Gefahren abgewehrt hatten, brachten sie ihren Verbündeten und Freunden Hilfe und erwarben sich Freundschaften mehr durch Erweis als durch Annahme von Diensten. Sie hatten eine rechtmäßige Regierung, als Regierungsform das Königtum. Gewählte Männer, die körperlich durch die Jahre zwar geschwächt, geistig aber durch ihre Weisheit gefestigt waren, berieten das Gemeinwesen; wegen ihres Alters oder wegen der Gleichartigkeit der Fürsorge nannte man sie Väter. Als später dann die Königsherrschaft, die anfangs der Erhaltung der Freiheit und der Förderung des Gemeinwesens gedient hatte, in überhebliche Tyrannei umschlug, da änderten sie ihre Verfassung und schufen sich eine jährlich wechselnde Regierung mit zwei Regenten. Auf diese Weise, meinten sie, könne menschliches Denken am wenigsten in Willkür ausarten.

7 Erst in dieser Zeit konnte sich allmählich der einzelne mehr entfalten und seine Befähigung mehr zur Geltung bringen; denn der Tüchtige ist Königen verdächtiger als der Schwache, und die Tatkraft eines anderen ist ihnen immer unheimlich. Nach Erringung der Freiheit aber hat sich die Bürgerschaft in erstaunlich kurzer Zeit aufwärtsentwickelt; so starkes Verlangen nach Ruhm war aufgekommen. Nunmehr lernte die Jugend, sobald sie wehrfähig war, im Feldlager unter Anstrengung das Kriegshandwerk, und sie hatten mehr Vergnügen an prächtigen Waffen und Streitrossen als an Dirnen und Gelagen. Daher war solchen Männern keine Anstrengung ungewohnt, kein Gelände zu rauh oder zu beschwerlich, kein bewaffneter Feind schrecklich; ihre mutige Kraft meisterte alles. Um den Ruhm aber gab es unter ihnen selbst den regsten Wettstreit: jeder drängte sich, den Feind zu treffen, eine Wehrmauer zu ersteigen und bei einer solchen Heldentat auch gesehen zu werden. Darin lag für sie Reichtum, darin guter Ruf und hoher Adel. Nach Anerkennung waren sie gierig, mit Geld freigebig; Ruhm wollten sie ungeheuer viel, an Reichtum nur den sittlich ge-

quibus in locis maxumas hostium copias populus Romanus parva manu fuderit, quas urbis natura munitas pugnando ceperit, ni ea res longius nos ab incepto traheret.

8 Sed profecto fortuna in omni re dominatur; ea res
cunctas ex lubidine magis quam ex vero celebrat obscu-
2 ratque. Atheniensium res gestae, sicuti ego aestumo,
satis amplae magnificaeque fuere, verum aliquanto mi-
3 nores tamen, quam fama feruntur. sed quia provenere
ibi scriptorum magna ingenia, per terrarum orbem
4 Atheniensium facta pro maxumis celebrantur. ita eo-
rum, qui fecere, virtus tanta habetur, quantum eam ver-
5 bis potuere extollere praeclara ingenia. at populo Ro-
mano numquam ea copia fuit, quia prudentissumus
quisque maxume negotiosus erat; ingenium nemo sine
corpore exercebat; optumus quisque facere quam dice-
re, sua ab aliis bene facta laudari quam ipse aliorum
narrare malebat.
9 Igitur domi militiaeque boni mores colebantur; con-
cordia maxuma, minuma avaritia erat; ius bonumque
2 apud eos non legibus magis quam natura valebat. iurgia
discordias simultates cum hostibus exercebant, cives
cum civibus de virtute certabant. in suppliciis deorum
3 magnifici, domi parci, in amicos fideles erant. duabus
his artibus, audacia in bello, ubi pax evenerat, aequita-
4 te, seque remque publicam curabant. quarum rerum
ego maxuma documenta haec habeo, quod in bello sae-
pius vindicatum est in eos, qui contra imperium in hos-
tem pugnaverant quique tardius revocati proelio exces-
serant, quam qui signa relinquere aut pulsi loco cedere
5 ausi erant; in pace vero quod beneficiis magis quam
metu imperium agitabant et accepta iniuria ignoscere
quam persequi malebant.

10 Sed ubi labore atque iustitia res publica crevit, reges
magni bello domiti, nationes ferae et populi ingentes vi

rechtfertigten. Ich könnte Orte angeben, wo unser römisches Volk mit einer Handvoll Leuten stärkste feindliche Streitkräfte zurückgeworfen hat, Städte, die es trotz natürlicher Befestigung im Kampf genommen hat, doch würde uns das zu weit von unserem Vorhaben abbringen.

8 Gewiß aber ist das Glück in jedem Bereich eine beherrschende Macht: mehr nach Laune als nach dem wirklichen Wert rückt es alle Geschehnisse ins Licht oder ins Dunkel. Die Leistungen der Athener waren meines Erachtens bedeutend und großartig genug, aber doch wesentlich kleiner, als es die Überlieferung will. Weil bei ihnen aber große schriftstellerische Begabungen aufgetreten sind, werden die Taten der Athener in aller Welt als die größten gefeiert. Somit gilt: die Tüchtigkeit der Handelnden wird so hoch eingestuft, wie glänzende Begabungen sie durch Worte hervorzuheben vermochten. Das römische Volk jedoch besaß nie eine solche Fülle, weil sich gerade die einsichtigsten Männer vor allem praktisch betätigten; niemand setzte nur seine geistige Kraft ohne die körperliche ein. Gerade die Besten wollten lieber handeln als reden, wollten ihre Ruhmestaten lieber von anderen preisen lassen, als ihrerseits die anderer schildern.

9 So achtete man die gute Sitte in Kriegs- und Friedenszeiten; ihr Gemeinschaftsgeist war sehr groß, ganz gering die Habsucht. Recht und Moral hatten bei ihnen Geltung weniger durch Gesetze als durch ihr natürliches Gefühl. Streitfälle, Zwistigkeiten und Rivalitäten trugen sie nur mit Landesfeinden aus; die Bürger stritten miteinander um die Tüchtigkeit. Bei ihren Götterfesten waren sie großzügig, im eigenen Hause sparsam, ihren Freunden gegenüber vertrauenswürdig. Durch diese zwei Eigenschaften, Kühnheit im Krieg und Rechtlichkeit nach Friedensschluß, taten sie etwas für sich und ihren Staat. Das kann ich aufs treffendste belegen durch folgende Tatsachen: daß man im Kriege häufiger einschritt gegen Soldaten, die befehlswidrig mit dem Feind gefochten oder nach dem Sammelruf den Kampfplatz nicht rasch genug verlassen hatten, als gegen solche, die es gewagt hatten, ihre Fahnen zu verlassen oder, geschlagen, von ihrem Posten zu weichen; daß sie im Frieden aber ihre Herrschaft mehr durch die helfende Tat als durch Einschüchterung ausübten und bei erlittenem Unrecht mehr zum Verzeihen als zum Bestrafen neigten.

10 Als sich aber der Staat durch ihre Anstrengung und Rechtlichkeit aufgeschwungen hatte, als mächtige Könige im Krieg be-

subacti, Carthago, aemula imperi Romani, ab stirpe in-
teriit, cuncta maria terraeque patebant, saevire fortuna
2 ac miscere omnia coepit: qui labores, pericula, dubias
atque asperas res facile toleraverant, iis otium divitiae-
3 que, optanda alias, oneri miseriaeque fuere. igitur pri-
mo pecuniae, deinde imperi cupido crevit: ea quasi ma-
4 teries omnium malorum fuere. namque avaritia fidem,
probitatem ceterasque artis bonas subvortit; pro his su-
perbiam, crudelitatem, deos neglegere, omnia venalia
5 habere edocuit. ambitio multos mortalis falsos fieri
subegit, aliud clausum in pectore, aliud in lingua
promptum habere, amicitias inimicitiasque non ex re,
sed ex commodo aestumare magisque voltum quam in-
6 genium bonum habere. haec primo paulatim crescere,
interdum vindicari; post, ubi contagio quasi pestilentia
invasit, civitas inmutata, imperium ex iustissumo atque
optumo crudele intolerandumque factum.

11 Sed primo magis ambitio quam avaritia animos ho-
minum exercebat, quod tamen vitium propius virtutem
2 erat. nam gloriam honorem imperium bonus et ignavos
aeque sibi exoptant; sed ille vera via nititur, huic quia
3 bonae artes desunt, dolis atque fallaciis contendit. ava-
ritia pecuniae studium habet, quam nemo sapiens con-
cupivit: ea quasi venenis malis inbuta corpus animum-
que virilem effeminat, semper infinita ⟨et⟩ insatiabilis
est, neque copia neque inopia minuitur.
4 Sed postquam L. Sulla armis recepta re publica bonis
initiis malos eventus habuit, rapere omnes, trahere, do-
mum alius, alius agros cupere, neque modum neque
modestiam victores habere, foeda crudeliaque in civis
5 facinora facere. huc adcedebat, quod L. Sulla exerci-
tum, quem in Asia ductaverat, quo sibi fidum faceret,
contra morem maiorum luxuriose nimisque liberaliter
habuerat. loca amoena voluptaria facile in otio ferocis

zwungen, wilde Stämme und große Völker gewaltsam unterjocht waren, Karthago, die Rivalin der römischen Macht, bis auf den Grund vernichtet war und nun alle Meere und Länder offenstanden, da begann das Schicksal zu wüten und alles durcheinanderzubringen. Denselben Männern, die Mühen, Gefahren, unsichere und bedrängte Lagen leicht gemeistert hatten, wurden nun Friedenszeit und Reichtum, sonst erstrebenswerte Dinge, zu einer leidigen Last. So wuchs zuerst die Geldgier, dann die Herrschgier; beide bildeten gleichsam den Grundstoff aller Übel. Denn die Habsucht unterhöhlte Vertrauen, Redlichkeit und die übrigen guten Eigenschaften; dafür lehrte sie Überheblichkeit und Roheit, die Götter zu mißachten und alles für käuflich zu halten. Die Ehrsucht veranlaßte viele Menschen, verlogen zu werden, etwas anderes verschlossen im Herzen als offen auf der Zunge zu tragen, Freundschaft und Feindschaft nicht nach ihrem Wesen, sondern nach dem Nutzen zu bewerten und lieber ein gutes Aussehen als eine gute Gesinnung zu haben. All das kam anfangs nur langsam auf, gelegentlich schritt man noch dagegen ein; als dann aber die Ansteckung wie eine Seuche um sich griff, da wandelte sich die Bürgerschaft, und aus der gerechtesten und besten Herrschaft wurde eine grausame und unerträgliche.

11 Zuerst freilich trieb die Menschen weniger die Habgier als die Ehrsucht, ein Fehler, der immerhin einer Tugend noch recht nahekam. Denn Ruhm, Ehrenamt und Macht wünschen sich der Tüchtige und der Kraftlose gleichermaßen, nur trachtet jener auf dem rechten Weg danach, während dieser mit List und Täuschung kämpft, weil ihm gute Fähigkeiten fehlen. Habgier hat in sich das Streben nach Geld, das doch kein wirklich Einsichtiger begehrt; wie wenn sie von schlimmen Giften infiziert wäre, verweichlicht sie einen Mann an Leib und Seele, sie kennt kein Ziel und Maß und läßt sich weder durch Fülle noch durch Mangel dämpfen.

Nachdem aber Lucius Sulla die Macht im Staat mit Waffengewalt an sich gebracht und trotz guter Anfänge ein schlimmes Ende gehabt hatte, da raubte und plünderte ein jeder, der eine begehrte ein Haus, Grundstücke der andere; die Sieger kannten weder Maß noch Mäßigung und vollbrachten fürchterliche und grausame Freveltaten gegen ihre Mitbürger. Dazu kam, daß Lucius Sulla sein Heer, das er in Kleinasien geführt hatte, um es sich ergeben zu machen, gegen den Brauch der Vorfahren üppig und allzu großzügig gehalten hatte. Die Reize und Verlockungen dieser Gegenden hat-

6 militum animos molliverant: ibi primum insuevit exerci-
tus populi Romani amare, potare, signa tabulas pictas
vasa caelata mirari, ea privatim et publice rapere, delu-
7 bra spoliare, sacra profanaque omnia polluere. igitur ii
milites, postquam victoriam adepti sunt, nihil reliqui
8 victis fecere. quippe secundae res sapientium animos
fatigant: ne illi conruptis moribus victoriae tempera-
rent.

12 Postquam divitiae honori esse coepere et eas gloria
imperium potentia sequebatur, hebescere virtus, pau-
pertas probro haberi, innocentia pro malevolentia duci
2 coepit. igitur ex divitiis iuventutem luxuria atque avari-
tia cum superbia invasere: rapere, consumere, sua parvi
pendere, aliena cupere, pudorem pudicitiam, divina
atque humana promiscua, nihil pensi neque moderati ha-
3 bere. operae pretium est, quom domos atque villas co-
gnoveris in urbium modum exaedificatas, visere templa
deorum, quae nostri maiores, religiosissumi mortales,
4 fecere. verum illi delubra deorum pietate, domos suas
gloria decorabant, neque victis quicquam praeter in-
5 iuriae licentiam eripiebant. at hi contra, ignavissumi ho-
mines, per summum scelus omnia ea sociis adimere,
quae fortissumi viri victores reliquerant: proinde quasi
iniuriam facere id demum esset imperio uti.

13 Nam quid ea memorem, quae nisi iis, qui videre, ne-
mini credibilia sunt, a privatis compluribus subvorsos
2 montis, maria constrata esse? quibus mihi videntur ludi-
brio fuisse divitiae: quippe quas honeste habere licebat,
3 abuti per turpitudinem properabant. sed lubido stupri
ganeae ceterique cultus non minor incesserat: viri mu-
liebria pati, mulieres pudicitiam in propatulo habere;
vescendi causa terra marique omnia exquirere; dormire
prius, quam somni cupido esset; non famem aut sitim,

ten dann während der Friedensruhe die wilden Krieger rasch verweichlicht. Dort gewöhnte sich das Heer des römischen Volkes erstmals daran, zu lieben und zu saufen, Bildwerke, Gemälde und gepunzte Gefäße zu bewundern, sie aus privatem und öffentlichem Besitz zu rauben, Tempel auszuplündern, alles zu schänden, mochte es Göttern oder Menschen gehören. So ließen diese Soldaten nach Erringung des Sieges den Besiegten nichts übrig. Wohlstand kann ja sogar einsichtigen Menschen zu schaffen machen; wie hätten sich da jene bei ihrer sittlichen Verkommenheit im Sieg maßvoll benehmen sollen?

12 Seitdem der Reichtum allmählich Ehre einbrachte und Ruhm, Herrschaft und Macht im Gefolge hatte, da begann die moralische Kraft zu erlahmen, Armut als Schande zu gelten, Redlichkeit als Böswilligkeit ausgelegt zu werden. Infolge des Reichtums riß dann bei der Jugend Genußsucht und Habgier sowie Überheblichkeit ein: man raubte, verschwendete, schätzte den eigenen Besitz gering, begehrte fremden, hielt Ehrgefühl und Sittsamkeit, göttliche und menschliche Ordnung für belanglos, hatte keine Gewichtungen und keine Maßstäbe mehr. Wenn man die Häuser und die Villen, die in den Ausmaßen von Städten erbaut sind, kennt, dann lohnt es die Mühe, sich auch die Göttertempel anzusehen, die unsere Ahnen, diese tiefreligiösen Menschen, geschaffen haben. Sie nämlich schmückten die Heiligtümer der Götter mit ihrer Ehrfurcht, die eigenen Häuser mit ihrem Ruhm, sie nahmen den Besiegten weiter nichts außer der Möglichkeit, Unrecht zu begehen. Unsere Zeitgenossen dagegen, diese kraftlosen Kreaturen, haben in höchst verbrecherischer Weise den Verbündeten all das weggenommen, was ihnen die heldenhaften Sieger einst gelassen hatten – geradeso als ob Unrechttun erst die Ausübung der Herrschaft ausmache.

13 Wozu soll ich denn noch Dinge erwähnen, die keiner glauben kann, wenn er sie nicht selbst gesehen hat, daß mehrere Privatleute sogar Berge abtragen und Meere überbauen ließen? Diese haben, so scheint es mir, mit ihrem Reichtum sich nur einen Spaß gemacht, weil sie ihn ja auf schändliche Weise so schnell durchgebracht haben, wo sie ihn doch in Ehren hätten festhalten können. Der Trieb zu Unzucht, Schlemmerei und sonstigen Raffinessen aber war ebenso stark eingerissen: Männer gaben sich als Weiber her, Weiber boten ihre Keuschheit offen feil; für Leckerbissen durchsuchte man alles zu Lande und im Meer; man schlief, bevor

neque frigus neque lassitudinem opperiri, sed ea omnia
4 luxu antecapere. haec iuventutem, ubi familiares opes
5 defecerant, ad facinora incendebant: animus inbutus
malis artibus haud facile lubidinibus carebat; eo profu-
sius omnibus modis quaestui atque sumptui deditus
erat.

14 In tanta tamque conrupta civitate Catilina, id quod
factu facillumum erat, omnium flagitiorum atque faci-
norum circum se tamquam stipatorum catervas habe-
2 bat. nam quicumque inpudicus adulter ganeo manu
ventre pene bona patria laceraverat, quique alienum aes
grande conflaverat, quo flagitium aut facinus redimeret,
3 praeterea omnes undique parricidae sacrilegi convicti
iudiciis aut pro factis iudicium timentes, ad hoc, quos
manus atque lingua periurio aut sanguine civili alebat,
postremo omnes, quos flagitium egestas conscius ani-
mus exagitabat, ii Catilinae proxumi familiaresque
4 erant. quod si quis etiam a culpa vacuos in amicitiam
eius inciderat, cottidiano usu atque inlecebris facile par
5 similisque ceteris efficiebatur. sed maxume adulescen-
tium familiaritates adpetebat: eorum animi molles
6 etiam et fluxi dolis haud difficulter capiebantur. nam ut
quoiusque studium ex aetate flagrabat, aliis scorta prae-
bere, aliis canes atque equos mercari; postremo neque
sumptui neque modestiae suae parcere, dum illos obno-
7 xios fidosque sibi faceret. scio fuisse nonnullos, qui ita
existumarent iuventutem, quae domum Catilinae fre-
quentabat, parum honeste pudicitiam habuisse; sed ex
aliis rebus magis, quam quod quoiquam id conpertum
foret, haec fama valebat.

15 Iam primum adulescens Catilina multa nefanda stup-
ra fecerat, cum virgine nobili, cum sacerdote Vestae,
2 alia huiusce modi contra ius fasque. postremo captus

man das Bedürfnis zum Ausruhen hatte; Hunger oder Durst, Kühle und Müdigkeit wartete man nicht ab, sondern nahm das alles genießerisch vorweg. Dies entfachte die Jugend zu Verbrechertaten, wenn die eigenen Geldmittel ausgegangen waren. Wer von dem üblen Treiben einmal angesteckt war, konnte nur noch schwer auf seine Lüste verzichten; um so hemmungsloser war er dann mit allen Mitteln auf Gelderwerb und Verbrauch versessen.

Catilinas Anhänger und Motive

14 In einem so großen, so heruntergekommenen Staat war es für einen Catilina sehr leicht, Banden von allen Übeltätern und Verbrechern wie ein Gefolge um sich zu haben. Denn jeder Wüstling, Ehebrecher, Schlemmer, der mit Spielen, Fressen und Huren sein väterliches Gut verschleudert hatte, und wer gewaltige Schulden zusammengebracht hatte, um eine Untat oder ein Verbrechen wieder zu bereinigen, ferner von überallher alle Mörder, Tempelschänder, Subjekte, die vor Gericht überführt waren oder für ihre Delikte ein Verfahren fürchten mußten, dazu solche, denen Hand und Zunge durch Meineid und Bürgerblut den Unterhalt verschaffte, kurz, alle, denen Schande, Armut und Schuldbewußtsein keine Ruhe ließen, die bildeten Catilinas nächste und vertraute Umgebung. Wenn aber einer, der noch frei von Schuld war, in seinen Freundeskreis geraten war, dann wurde er durch den täglichen Umgang und die Verlockung leicht den übrigen völlig gleichgemacht. Vor allem aber suchte Catilina die Freundschaft junger Menschen: sie ließen sich bei ihrer Weichheit und Beeinflußbarkeit mit List unschwer einfangen. Denn je nach der Leidenschaft, die in jedem seiner Altersstufe entsprechend loderte, verschaffte er den einen Dirnen, kaufte den andern Hunde und Pferde; kurz, er sparte keine Kosten und kannte kein Maß, wenn er sich jene nur hörig und ergeben machen konnte. Meines Wissens glaubten manche Leute, daß die Jugend, die in Catilinas Haus verkehrte, sich sexuell recht schamlos benommen habe; das konnte niemand genau erfahren, doch aus verschiedenen Gründen hielt sich dieses Gerücht.

15 Schon in früher Jugend hatte Catilina vielfach abscheuliche Unzucht getrieben – so mit einem Mädchen aus dem Adel, mit einer Priesterin der Vesta – und sonstige derartige Verbrechen

amore Aureliae Orestillae, quoius praeter formam nihil
umquam bonus laudavit, quod ea nubere illi dubitabat
timens privignum adulta aetate, pro certo creditur neca-
3 to filio vacuam domum scelestis nuptiis fecisse. quae
quidem res mihi in primis videtur causa fuisse facinus
4 maturandi. namque animus inpurus, dis hominibusque
infestus, neque vigiliis neque quietibus sedari poterat:
5 ita conscientia mentem excitam vastabat. igitur colos ei
exsanguis, foedi oculi, citus modo, modo tardus inces-
sus; prorsus in facie voltuque vecordia inerat.

16 Sed iuventutem, quam, ut supra diximus, inlexerat,
2 multis modis mala facinora edocebat. ex illis testis sig-
natoresque falsos commodare; fidem fortunas pericula
vilia habere. post, ubi eorum famam atque pudorem
3 adtriverat, maiora alia imperabat. si causa peccandi in
praesens minus suppetebat, nihilo minus insontis sicuti
sontis circumvenire iugulare: scilicet ne per otium tor-
pescerent manus aut animus, gratuito potius malus at-
que crudelis erat.

4 His amicis sociisque confisus Catilina, simul quod aes
alienum per omnis terras ingens erat et quod plerique
Sullani milites, largius suo usi, rapinarum et victoriae
veteris memores civile bellum expotabant, opprimun-
5 dae rei publicae consilium cepit. in Italia nullus exerci-
tus, Cn. Pompeius in extremis terris bellum gerebat; ipsi
consulatum petenti magna spes, senatus nihil sane in-
tentus: tutae tranquillaeque res omnes, sed ea prorsus
opportuna Catilinae.

wider die menschliche und göttliche Ordnung begangen. Schließlich packte ihn die Liebe zu Aurelia Orestilla, an der ein anständiger Mensch außer ihrer Schönheit nie etwas loben konnte; weil sie aber aus Furcht vor dem erwachsenen Stiefsohn Bedenken trug, ihn zu heiraten, hat er, was als gewiß gilt, durch Ermordung seines eigenen Sohnes das Haus für die verruchte Hochzeit freigemacht. Gerade diese Sache scheint mir vor allem ein Anlaß zur Beschleunigung seines Unternehmens gewesen zu sein. Denn sein schmutziger, mit Gott und der Welt zerfallener Charakter konnte weder im Wachen noch im Schlafen Ruhe finden: so zerrüttete das böse Gewissen sein aufgeregtes Denken. Daher seine blutlose Gesichtsfarbe, sein verstörter Blick, sein bald hastender, bald schleppender Gang: kurz, in seinem Gehabe und seiner Miene lag der Wahnsinn.

16 Die Jugendlichen aber, die er, wie oben berichtet, an sich gelockt hatte, unterwies er auf vielerlei Art in Verbrecherstücken. Aus ihren Reihen stellte er lügende Zeugen und Urkundenfälscher; ein Treuwort, Vermögenswerte, Gerichtsverfahren sollten sie für belanglos halten. Sobald er dann ihren guten Ruf und ihr Ehrgefühl angeschlagen hatte, gab er ihnen andere, größere Aufträge. Wenn für den Augenblick einmal kein rechter Anlaß zu einem Vergehen vorlag, ließ er trotzdem Unschuldige wie Schuldige überfallen und umbringen: offenbar um Hand und Hirn im Nichtstun ja nicht erschlaffen zu lassen, war er recht gerne, auch ohne etwas zu gewinnen, bösartig und kaltblütig.

Im Vertrauen auf diese seine Freunde und Genossen, dann auch weil seine Verschuldung in allen Ländern ungeheuer war und weil sehr viele Soldaten Sullas, die mit ihrer Habe zu verschwenderisch umgegangen waren, bei der Erinnerung an die Raubzüge und den Sieg von einst einen Bürgerkrieg herbeiwünschten, faßte Catilina den Entschluß, einen Schlag gegen den Staat zu führen. In Italien kein Heer, Gnaeus Pompeius in den fernsten Ländern auf einem Kriegszug; für ihn selbst gute Aussicht bei einer Bewerbung um das Konsulat, der Senat völlig unentschlossen; die gesamte Lage sicher und ruhig – das kam Catilina durchaus gelegen.

17 Igitur circiter Kalendas Iunias L. Caesare et C. Figulo
consulibus primo singulos appellare; hortari alios, alios
temptare; opes suas, inparatam rem publicam, magna
2 praemia coniurationis docere. ubi satis explorata sunt,
quae voluit, in unum omnis convocat, quibus maxuma
3 necessitudo et plurumum audaciae inerat. eo convenere
senatorii ordinis P. Lentulus Sura, P. Autronius, L.
Cassius Longinus, C. Cethegus, P. et Ser. Sullae Ser-
vi filii, L. Vargunteius, Q. Annius, M. Porcius Laeca,
4 L. Bestia, Q. Curius; praeterea ex equestri ordine M.
Fulvius Nobilior, L. Statilius, P. Gabinius Capito, C.
Cornelius, ad hoc multi ex coloniis et municipiis domi
5 nobiles. erant praeterea complures paulo occultius con-
sili huiusce participes nobiles, quos magis dominationis
6 spes hortabatur quam inopia aut alia necessitudo. cete-
rum iuventus pleraque, sed maxume nobilium, Catili-
nae inceptis favebat: quibus in otio vel magnifice vel
molliter vivere copia erat, incerta pro certis, bellum
7 quam pacem malebant. fuere item ea tempestate, qui
crederent M. Licinium Crassum non ignarum eius consi-
li fuisse; quia Cn. Pompeius, invisus ipsi, magnum exer-
citum ductabat, quoiusvis opes voluisse contra illius po-
tentiam crescere, simul confisum, si coniuratio valuis-
set, facile apud illos principem se fore.

18 Sed antea item coniuravere pauci contra rem publi-
2 cam, in quis Catilina fuit. de qua, quam verissume pot-

VORGÄNGE BIS ZU DEN WAHLEN DES JAHRES 63

Sammlung der Anhänger im Jahre 64

17 Also sprach er um den 1. Juni 64 herum, als Lucius Caesar und Gaius Figulus Konsuln waren, zunächst einzelne an; er machte den einen Mut, bei anderen fühlte er vor; dabei wies er hin auf seine Mittel, auf den mangelhaft gerüsteten Staat, auf die großen Vorteile aus einer Verschwörung. Sobald seine Vorhaben zur Genüge ausgeheckt waren, beruft er alle, bei denen die Notlage am ärgsten und der Wagemut am größten war, an einem Ort zusammen. Es trafen sich dort aus dem Senatorenstand: Publius Lentulus Sura, Publius Autronius, Lucius Cassius Longinus, Gaius Cethegus, Publius und Servius Sulla, die Söhne des Servius, Lucius Vargunteius, Quintus Annius, Marcus Porcius Laeca, Lucius Bestia, Quintus Curius; ferner aus dem Ritterstand: Marcus Fulvius Nobilior, Lucius Statilius, Publius Gabinius Capito, Gaius Cornelius; dazu noch viele aus Kolonistensiedlungen und Landstädten, die in ihrer Heimat zur Oberschicht gehörten. Außerdem waren an diesem Plan etwas versteckter so manche Adelige mitbeteiligt, die mehr die Hoffnung auf Herrschgewalt antrieb als Not oder sonst eine Zwangslage. Ferner begünstigte ein sehr großer Teil der Jugend, besonders der adeligen, Catilinas Vorhaben: sie, die die Möglichkeit hatten, sich ohne Tätigkeit ein herrliches oder doch behagliches Leben zu leisten, wollten Unsicherheit lieber als Sicherheit, Krieg lieber als Frieden. Es gab damals auch Leute, die glaubten, Marcus Licinius Crassus habe um diesen Plan wohl gewußt; weil nämlich Gnaeus Pompeius, den er persönlich haßte, ein großes Heer führte, habe er gewünscht, daß die Kräfte jedes beliebigen anderen hochkämen gegen die Macht des Pompeius, zugleich auch in der Zuversicht, daß er bei einem Erfolg der Verschwörung leicht den Anführer bei ihnen machen könne.

Eine frühere Verschwörung

18 Übrigens hatte sich schon früher einmal eine kleine Gruppe, zu der auch Catilina gehörte, ebenfalls gegen den Staat verschworen. Darüber will ich so wahrheitsgetreu wie möglich berichten:

ero, dicam. L. Tullo et M'. Lepido consulibus P. Autro-
nius et P. Sulla, designati consules, legibus ambitus in-
3 terrogati poenas dederant. post paulo Catilina, pecuni-
arum repetundarum reus, prohibitus erat consulatum
petere, quod intra legitumos dies profiteri nequiverat.
4 erat eodem tempore Cn. Piso, adulescens nobilis, sum-
mae audaciae, egens factiosus, quem ad perturbandam
rem publicam inopia atque mali mores stimulabant.
5 cum hoc Catilina et Autronius circiter Nonas Decembris
consilio communicato parabant in Capitolio Kalendis
Ianuariis L. Cottam et L. Torquatum consules interfice-
re, ipsi fascibus conreptis Pisonem cum exercitu ad obti-
6 nendas duas Hispanias mittere. ea re cognita rursus in
7 Nonas Februarias consilium caedis transtulerant. iam
tum non consulibus modo, sed plerisque senatoribus
8 perniciem machinabantur. quod ni Catilina maturasset
pro curia signum sociis dare, eo die post conditam ur-
bem Romam pessumum facinus patratum foret; quia
nondum frequentes armati convenerant, ea res consi-
lium diremit.

19 Postea Piso in citeriorem Hispaniam quaestor pro
praetore missus est adnitente Crasso, quod eum infes-
2 tum inimicum Cn. Pompeio cognoverat. neque tamen
senatus provinciam invitus dederat, quippe foedum ho-
minem a re publica procul esse volebat, simul quia boni
complures praesidium in eo putabant et iam tum po-
3 tentia Pompei formidulosa erat. sed is Piso in provincia
ab equitibus Hispanis, quos in exercitu ductabat, iter
4 faciens occisus est. sunt, qui ita dicant imperia eius
5 iniusta superba crudelia barbaros nequivisse pati; alii
autem, equites illos, Cn. Pompei veteres fidosque clien-
tis, voluntate eius Pisonem adgressos: numquam Hispa-
nos praeterea tale facinus fecisse, sed imperia saeva

Im Konsulatsjahr des Lucius Tullus und Manius Lepidus (im J. 66) hatten die für das folgende Jahr bestimmten Konsuln, nämlich Publius Autronius und Publius Sulla, aufgrund der Gesetze gegen Wählerbestechung gerichtlich belangt und bestraft werden müssen. Kurz darauf war Catilina wegen Erpressung angeklagt und zur Bewerbung um das Konsulat nicht zugelassen worden, weil er sich innerhalb der gesetzlichen Frist nicht hatte melden können. Zur selben Zeit lebte Gnaeus Piso, ein junger Adliger, höchst verwegen, mittellos und parteifanatisch, den seine Notlage und sein übler Charakter zu einer Störung der Staatsordnung trieben. Mit ihm hatten Catilina und Autronius etwa am 5. Dezember eine gemeinsame Absprache und trafen dann Vorbereitungen, am 1. Januar (65) auf dem Kapitol die Konsuln Lucius Cotta und Lucius Torquatus umzubringen, selbst die Rutenbündel (die Abzeichen der Macht) an sich zu reißen und Piso mit einem Heer zur Besetzung der beiden spanischen Provinzen zu entsenden. Da diese Sache aber aufgekommen war, hatten sie ihren Mordplan wiederum auf den 5. Februar verschoben. Da nun projektierten sie nicht mehr bloß die Ermordung der Konsuln, sondern auch die der meisten Senatoren. Und wenn Catilina seinen Komplicen vor dem Ratsgebäude das Zeichen nicht voreilig gegeben hätte, dann wäre an diesem Tage die schlimmste Untat seit Gründung der Stadt Rom verübt worden. Nur der Umstand, daß die Bewaffneten noch nicht in ausreichender Zahl zusammengekommen waren, vereitelte den Plan.

19 Später wurde Piso als Quästor mit den Befugnissen eines Prätors nach Ostspanien entsandt, und zwar auf das Betreiben des Crassus hin, der in ihm einen entschlossenen Gegner des Gnaeus Pompeius erkannt hatte. Doch auch der Senat hatte ihm die Provinz nicht ungern gegeben, da er den üblen Menschen auf einem fernen Außenposten haben wollte, und auch deshalb, weil mehrere Optimaten in ihm einen Beistand sahen und die Macht des Pompeius schon damals Besorgnis erregte. Dieser Piso wurde jedoch in der Provinz von spanischen Reitern, die er in seinem Heer befehligte, auf einer Reise erschlagen. Einige sagen, sein ungerechtes, überhebliches, grausames Herrschgebaren hätten die Barbaren nicht ertragen können; andere dagegen sagen, jene Reiter, alte, getreue Gefolgsleute des Gnaeus Pompeius, hätten mit dessen Einverständnis Piso überfallen: die Spanier hätten nämlich sonst noch nie eine solche Untat verübt, sondern früher schon so man-

multa antea perpessos. nos eam rem in medio relinque-
6 mus. de superiore coniuratione satis dictum.

20 Catilina ubi eos, quos paulo ante memoravi, conve-
nisse videt, tametsi cum singulis multa saepe egerat,
tamen in rem fore credens univorsos appellare et cohor-
tari, in abditam partem aedium secedit atque ibi omni-
bus arbitris procul amotis orationem huiusce modi ha-
buit:
2 "Ni virtus fidesque vostra spectata mihi forent, nequi-
quam opportuna res cecidisset; spes magna, dominatio
in manibus frustra fuissent, neque ego per ignaviam aut
3 vana ingenia incerta pro certis captarem. sed quia multis
et magnis tempestatibus vos cognovi fortis fidosque mi-
hi, eo animus ausus est maxumum atque pulcherrumum
facinus incipere, simul quia vobis eadem, quae mihi,
4 bona malaque esse intellexi. nam idem velle atque idem
nolle, ea demum firma amicitia est.
5 Sed ego quae mente agitavi, omnes iam antea divorsi
6 audistis. ceterum mihi in dies magis animus adcenditur,
quom considero, quae condicio vitae futura sit, nisi nos-
7 met ipsi vindicamus in libertatem. nam postquam res
publica in paucorum potentium ius atque dicionem con-
cessit, semper illis reges tetrarchae vectigales esse, po-
puli nationes stipendia pendere; ceteri omnes, strenui
boni, nobiles atque ignobiles, volgus fuimus sine gratia,
sine auctoritate, iis obnoxii, quibus, si res publica vale-
8 ret, formidini essemus. itaque omnis gratia potentia ho-
nos divitiae apud illos sunt aut ubi illi volunt, nobis
reliquere pericula repulsas iudicia egestatem.

9 Quae quo usque tandem patiemini, o fortissumi viri?
nonne emori per virtutem praestat quam vitam miseram

che schlimme Herrschaft ausgehalten. Wir wollen die Sache unentschieden lassen. Über die frühere Verschwörung mag damit genug gesagt sein.

Catilinas Demagogie

20 Als Catilina die oben Genannten um sich versammelt sieht, hält er es, obwohl er mit den einzelnen schon oft vielerlei verhandelt hatte, doch für sachdienlich, auch alle miteinander anzusprechen und zu begeistern. Deshalb zieht er sich in einen abseitigen Flügel seines Hauses zurück, weist alle Zeugen weit weg und hält etwa folgende Rede:
»Hätte sich eure Tatkraft und Treue noch nicht vor mir bewährt, so wäre uns eine günstige Gelegenheit vergebens zugefallen; die große Chance, der schon mit Händen greifbare Machtbesitz wäre nur ein Trugbild gewesen; auch würde ich mit Feiglingen oder Hohlköpfen nicht nach unsicheren statt sicheren Verhältnissen greifen. Weil ich euch aber schon in vielen schweren Stürmen tapfer und mir treu ergeben fand, deshalb habe ich es gewagt, ein ganz großes und herrliches Unternehmen zu beginnen, und auch deshalb, weil ich erkannt habe, daß euer Wohl und Wehe gleich dem meinen ist. Denn dasselbe wollen und dasselbe nicht wollen, das ist ja erst feste Freundschaft.

Die Pläne, die ich bei mir bedachte, habt ihr alle bereits früher da und dort vernommen. Indes gerate ich von Tag zu Tag mehr ins Feuer bei dem Gedanken, welche Lebensbedingungen uns bevorstehen, wenn wir uns nicht selbst die Freiheit schaffen. Denn seitdem unser Staat in völlige Abhängigkeit von ein paar Machthabern geraten ist, waren diesen die Könige und kleineren Monarchen immer steuerpflichtig, mußten ihnen Staaten und Völker Abgaben zahlen. Wir andern alle, tüchtige, gutgesinnte Leute, ob adelig oder nicht, sind zur Masse geworden, ohne Ansehen, ohne Einfluß, von denen abhängig, die uns fürchten müßten, wenn der Staat noch etwas taugte. So liegt nun alle Geltung, Macht, Ehre, aller Reichtum bei ihnen oder bei ihren Günstlingen; uns haben sie bloß Gefahren, Zurücksetzungen, Aburteilungen, Armut übriggelassen.

Wie lange wollt ihr diese Zustände denn noch ertragen, tapferste Kameraden? Ist es nicht besser, mannhaft zu sterben als ein

atque inhonestam, ubi alienae superbiae ludibrio fueris,
10 per dedecus amittere? verum enim vero, pro deum at-
que hominum fidem, victoria in manu nobis est, viget
aetas, animus valet; contra illis annis atque divitiis om-
nia consenuerunt. tantummodo incepto opus est, cetera
res expediet.

11 Etenim quis mortalium, quoi virile ingenium est, to-
lerare potest illis divitias superare, quas profundant in
extruendo mari et montibus coaequandis, nobis rem fa-
miliarem etiam ad necessaria deesse? illos binas aut am-
plius domos continuare, nobis larem familiarem nus-
12 quam ullum esse? quom tabulas signa toreumata emunt,
nova diruunt, alia aedificant, postremo omnibus modis
pecuniam trahunt vexant, tamen summa lubidine divi-
13 tias suas vincere nequeunt. at nobis est domi inopia,
foris aes alienum, mala res, spes multo asperior: deni-
que quid reliqui habemus praeter miseram animam?

14 Quin igitur expergiscimini? en illa, illa, quam saepe
optastis, libertas, praeterea divitiae decus gloria in ocu-
lis sita sunt; fortuna omnia ea victoribus praemia posuit.
15 res tempus pericula egestas belli spolia magnifica magis
16 quam oratio mea vos hortantur. vel imperatore vel mili-
te me utimini: neque animus neque corpus a vobis ab-
17 erit. haec ipsa, ut spero, vobiscum una consul agam,
nisi forte me animus fallit et vos servire magis quam im-
perare parati estis."

21 Postquam accepere ea homines, quibus mala abunde
omnia erant, sed neque res neque spes bona ulla, tamet-
si illis quieta movere magna merces videbatur, tamen
postulavere plerique, ut proponeret, quae condicio belli
foret, quae praemia armis peterent, quid ubique opis
2 aut spei haberent. tum Catilina polliceri tabulas novas,
proscriptionem locupletium, magistratus, sacerdotia,
rapinas, alia omnia, quae bellum atque lubido victorum
3 fert; praeterea esse in Hispania citeriore Pisonem, in
Mauretania cum exercitu P. Sittium Nucerinum, consili

elendes, ehrloses Dasein, wo man fremdem Hochmut zum Spott dient, in Schande zu verlieren? Ja wahrhaftig, so gewiß noch Verlaß auf Götter und Menschen ist, der Sieg liegt in unserer Hand, wir haben junge Kraft, haben starken Mut; die dagegen sind durch Alter und Reichtum ganz verkalkt. Man braucht nur anzufangen, das übrige wird sich von selbst erledigen.

Und wer auf der Welt, der wie ein Mann denkt, kann es denn ertragen, daß die da mit Reichtum überhäuft sind, den sie verschwenden, um ins Meer hinauszubauen und Berge einzuebnen, daß uns aber die Mittel sogar zum Notwendigen fehlen? Daß sie zwei oder mehr Häuser aneinanderreihen können, wir aber nirgendwo ein eigenes Heim besitzen? Obwohl sie Gemälde, Plastiken und Punzarbeiten aufkaufen, Neubauten einreißen und andere dafür hinbauen, kurz, auf alle möglichen Arten ihr Geld hinauswerfen und verschleudern, können sie trotz maßloser Genußgier ihren Reichtum doch nicht kleinkriegen. Wir dagegen haben zu Hause Not, auswärts Schulden, eine schlimme Gegenwart, eine noch viel härtere Zukunft. Was haben wir schließlich überhaupt noch außer einem erbärmlichen Dasein?

Warum wacht ihr denn nicht auf? Seht sie doch, sie, die Freiheit, die ihr so oft ersehnt habt, dazu Reichtum, Ehre und Ruhm liegen vor euren Augen; all das hat das Schicksal den Siegern als Preis ausgesetzt. Unsere Lage, Umstände, Gefahren, Armut, die herrliche Kriegsbeute, sie rütteln euch noch stärker auf als mein Reden. Nehmt mich als euren Feldherrn oder als einfachen Soldaten: ich werde mit Leib und Seele bei euch sein. Diese Ziele werde ich, wie ich hoffe, als Konsul zusammen mit euch verwirklichen – wenn ich mich nicht täusche und ihr nicht bereit seid, lieber Knechte als Herrscher zu sein.«

21 Als die Leute, die alle Übel in Fülle, aber weder eine gute Gegenwart noch gute Zukunftshoffnung hatten, diese Parolen vernommen hatten, erschien ihnen zwar schon das Aufkommen von Unruhen als ein großer Gewinn, doch forderten die meisten noch eine Erklärung über den Sinn eines Krieges, über die Vorteile, die mit Waffen errungen werden sollten, über Mittel und Aussichten, die sie überhaupt hätten. Da versprach Catilina Streichung der Schulden, Ächtung der Begüterten, Staatsämter, Priesterstellen, Beutezüge und alles sonstige, was ein Krieg und der Wille der Sieger einbringt. Außerdem stünden Piso in Ostspanien und Publius Sittius aus Nuceria mit einem Heer in Mauretanien, beide Anhän-

sui participes; petere consulatum C. Antonium, quem
sibi collegam fore speraret, hominem et familiarem et
omnibus necessitudinibus circumventum; cum eo se
4 consulem initium agundi facturum. ad hoc maledictis
increpabat omnis bonos, suorum unumquemque nomi-
nans laudare: admonebat alium egestatis, alium cupidi-
tatis suae, compluris periculi aut ignominiae, multos
5 victoriae Sullanae, quibus ea praedae fuerat. postquam
omnium animos alacris videt, cohortatus, ut petitionem
suam curae haberent, conventum dimisit.

22 Fuere ea tempestate, qui dicerent Catilinam oratione
habita, quom ad iusiurandum popularis sceleris sui adi-
geret, humani corporis sanguinem vino permixtum in
2 pateris circumtulisse; inde quom post execrationem om-
nes degustavissent, sicuti in sollemnibus sacris fieri con-
suevit, aperuisse consilium suom, atque eo dicationem
fecisse, quo inter se fidi magis forent alius alii tanti faci-
3 noris conscii. nonnulli ficta et haec et multa praeterea
existumabant ab iis, qui Ciceronis invidiam, quae
postea orta est, leniri credebant atrocitate sceleris eo-
rum, qui poenas dederant. nobis ea res pro magnitudine
parum conperta est.

23 Sed in ea coniuratione fuit Q. Curius, natus haud ob-
scuro loco, flagitiis atque facinoribus coopertus, quem
2 censores senatu probri gratia moverant. huic homini
non minor vanitas inerat quam audacia: neque reticere,
quae audierat, neque suamet ipse scelera occultare,
prorsus neque dicere neque facere quicquam pensi ha-
3 bebat. erat ei cum Fulvia, muliere nobili, stupri vetus
consuetudo. quoi cum minus gratus esset, quia inopia
minus largiri poterat, repente glorians maria montisque
polliceri coepit et minari interdum ferro, ni sibi obnoxia

ger seines Planes. Um das Konsulat bewerbe sich Gaius Antonius, ein Mann, der sein Kamerad sei und auch von aller Not bedrängt werde; ihn erhoffe er sich als Amtskollegen, mit ihm zusammen werde er als Konsul den Anfang des Handelns machen. Dazu fiel er mit Schmähworten über alle Gutgesinnten her, zu jedem seiner Leute sagte er persönlich etwas Anerkennendes: den einen erinnerte er an seine Armut, den andern an seine Leidenschaft, mehrere an ihre Gefährdung oder Verachtung, viele an den Siegeszug unter Sulla, der ihnen Kriegsbeute gebracht hatte. Nachdem er alle begeistert sieht, forderte er sie auf, sich für seine Amtsbewerbung einzusetzen, und entließ dann die Versammlung.

22 Es gab damals Leute, die behaupteten, Catilina habe nach seiner Rede den Genossen seines Verbrechens einen Schwur abgenommen und dabei Menschenblut, mit Wein vermischt, in Schalen herumgereicht; und erst als jeder nach einer Selbstverwünschung (falls er seinen Schwur breche) davon gekostet habe, wie es bei feierlichen Opferhandlungen zu geschehen pflegt, habe er seinen Plan offengelegt; auch habe er dieses Aufnahmeritual deswegen gemacht, daß sie um so treuer zusammenhielten, da sich einer wie der andere einer solchen Abscheulichkeit bewußt sei. Manche hielten dies und vieles andere für freie Erfindung von Leuten, die den Haß, der später gegen Cicero aufkam, abzumildern meinten durch gräßliche Darstellung des Verbrechens der Bestraften. Uns ist diese Sache bei all ihrer Bedeutsamkeit doch zu wenig verbürgt.

Catilinas Wahlniederlage im Jahre 64

23 Bei dieser Verschwörung war auch Quintus Curius, aus einer nicht unbekannten Familie stammend, doch versunken in ein Luder- und Lasterleben, den die Censoren wegen seiner Sittenlosigkeit aus dem Senat gestoßen hatten. Dieser Mensch war ebenso eingebildet wie verwegen; nichts hatte für ihn Gewicht: weder zu schweigen über das, was er gehört, noch die eigenen Übeltaten zu verbergen, noch überhaupt sein ganzes Reden und Tun. Der hatte mit Fulvia, einer Frau aus dem Adel, seit langem ein unzüchtiges Verhältnis. Als er ihr nicht mehr recht genehm war, weil er wegen seiner knappen Mittel weniger spendieren konnte, fing er auf einmal an, aufzuschneiden sowie ganze Meere und goldene Berge zu versprechen, mitunter auch mit dem Messer zu drohen,

4 foret, postremo ferocius agitare, quam solitus erat. at
Fulvia insolentiae Curi causa cognita tale periculum rei
publicae haud occultum habuit, sed sublato auctore de
Catilinae coniuratione, quae quoque modo audierat,
compluribus narravit.
5 Ea res in primis studia hominum adcendit ad consula-
6 tum mandandum M. Tullio Ciceroni. namque antea ple-
raque nobilitas invidia aestuabat, et quasi pollui consu-
latum credebant, si eum quamvis egregius homo novos
adeptus foret. sed ubi periculum advenit, invidia atque
superbia post fuere.

24 Igitur comitiis habitis consules declarantur M. Tullius
et C. Antonius. quod factum primo popularis coniura-
2 tionis concusserat; neque tamen Catilinae furor minue-
batur, sed in dies plura agitare: arma per Italiam locis
opportunis parare, pecuniam sua aut amicorum fide
sumptam mutuam Faesulas ad Manlium quendam por-
3 tare, qui postea princeps fuit belli faciundi. ea tempesta-
te plurumos quoiusque generis homines adscivisse sibi
dicitur, mulieres etiam aliquot, quae primo ingentis
sumptus stupro corporis toleraverant, post ubi aetas
tantummodo quaestui neque luxuriae modum fecerat,
4 aes alienum grande conflaverant. per eas se Catilina
credebat posse servitia urbana sollicitare, urbem incen-
dere, viros earum vel adiungere sibi vel interficere.

25 Sed in iis erat Sempronia, quae multa saepe virilis
2 audaciae facinora conmiserat. haec mulier genere atque
forma, praeterea viro liberis satis fortunata fuit; litteris
Graecis Latinis docta, psallere [et] saltare elegantius
quam necesse est probae, multa alia, quae instrumenta
3 luxuriae sunt. sed ei cariora semper omnia quam decus
atque pudicitia fuit; pecuniae an famae minus parceret,

falls sie ihm nicht zu Willen sei, kurz, sich aufdringlicher zu gebärden als gewöhnlich. Fulvia jedoch merkte den Grund für das sonderbare Verhalten ihres Curius; sie hielt die schwere Gefährdung des Staates nicht geheim, sondern erzählte, ohne ihren Gewährsmann anzugeben, mehreren Leuten, was sie über die Verschwörung Catilinas irgendwie gehört hatte.

Dieser Sachverhalt vor allem weckte in den Menschen die Bereitschaft, das Konsulat dem Marcus Tullius Cicero zu übertragen. Früher nämlich schäumte der größte Teil der Nobilität vor Mißgunst und hielt es geradezu für eine Beschmutzung der Konsulatswürde, wenn sie ein ›Neuer Mann‹ erlangte, mochte er noch so ausgezeichnet sein. Als jedoch Gefahr heraufzog, traten Mißgunst und Stolz zurück.

24 Daher werden in der Wahlversammlung Marcus Tullius und Gaius Antonius als Konsuln ausgerufen. Dieses Ereignis war für die Genossen der Verschwörung zunächst ein schwerer Schlag; doch wurde Catilinas Radikalismus dadurch nicht kleiner, sondern er führte von Tag zu Tag nur noch mehr durch: er ließ in ganz Italien an günstigen Plätzen Waffen bereitlegen, er nahm auf seinen oder seiner Freunde Kredit Geld zu leihen und ließ es nach Faesulae zu einem gewissen Manlius bringen, der später den Anfang machte bei der Kriegführung. Zu dieser Zeit soll Catilina sehr viele Leute aus allen Schichten an sich gezogen haben, auch einige Frauen, die früher ihren ungeheuren Aufwand durch Preisgabe ihres Körpers bestritten hatten, später aber, als das Alter lediglich ihrem Gewerbe, doch nicht ihrer Verschwendungssucht eine Grenze setzte, beträchtliche Schulden zusammengebracht hatten. Mit ihrer Hilfe, glaubte Catilina, könne er die Sklaven der Stadt aufwiegeln, die Stadt anzünden, ihre Männer für sich einspannen oder auch umbringen.

25 Übrigens befand sich unter ihnen auch Sempronia, die schon viele Untaten geliefert hatte, welche oft männlichen Wagemut verlangten. Diese Dame war durch ihre Abkunft und Schönheit, ferner durch ihren Mann und ihre Kinder in einer recht glücklichen Lage; sie war wohlunterrichtet in griechischer und lateinischer Literatur, konnte kunstgerechter musizieren und tanzen, als es für eine anständige Frau nötig ist, und kannte vieles andere, was zu den Mitteln des Wohllebens gehört. Doch war ihr immer schon alles andere lieber als Ehrbarkeit und Keuschheit. Ob sie mit ihrem Geld oder ihrem guten Ruf weniger schonend umging, hätte

haud facile discerneres; lubido sic adcensa, ut saepius
4 peteret viros quam peteretur. sed ea saepe antehac fi-
dem prodiderat, creditum abiuraverat, caedis conscia
5 fuerat: luxuria atque inopia praeceps abierat. verum in-
genium eius haud absurdum: posse versus facere, iocum
movere, sermone uti vel modesto vel molli vel procaci;
prorsus multae facetiae multusque lepos inerat.

26 His rebus conparatis Catilina nihilo minus in proxu-
mum annum consulatum petebat, sperans, si designatus
foret, facile se ex voluntate Antonio usurum. neque in-
terea quietus erat, sed omnibus modis insidias parabat
2 Ciceroni. neque illi tamen ad cavendum dolus aut astu-
3 tiae deerant. namque a principio consulatus sui multa
pollicendo per Fulviam effecerat, ut Q. Curius, de quo
paulo ante memoravi, consilia Catilinae sibi proderet;
4 ad hoc conlegam suom Antonium pactione provinciae
perpulerat, ne contra rem publicam sentiret. Circum se
praesidia amicorum atque clientium occulte habebat.

5 Postquam dies comitiorum venit et Catilinae neque
petitio neque insidiae, quas consulibus in campo fece-
rat, prospere cessere, constituit bellum facere et extre-
ma omnia experiri, quoniam, quae occulte temptaverat,
aspera foedaque evenerant.

27 Igitur C. Manlium Faesulas atque in eam partem
Etruriae, Septimum quendam Camertem in agrum Pi-
cenum, C. Iulium in Apuliam dimisit, praeterea alium
2 alio, quem ubique opportunum sibi fore credebat. inter-
ea Romae multa simul moliri: consulibus insidias ten-

man nicht leicht entscheiden können; ihre Sinnlichkeit war so entfacht, daß sie häufiger Männer begehrte, als selbst begehrt wurde. Oft schon hatte sie vordem ihr Wort gebrochen, ein Darlehen mit einem Meineid abgeleugnet, um eine Mordtat gewußt: infolge ihrer Genußsucht und der Knappheit ihrer Mittel war es mit ihr abwärts gegangen. Dabei war sie kein ungeschickter Kopf: sie verstand es, Verse zu machen, Scherz zu treiben, ein Gespräch sittsam oder zärtlich oder auch anzüglich zu führen, kurz, sie besaß viel Witz und viel Charme.

DIE VERSCHWÖRUNG IM JAHRE 63

Catilinas Wahlniederlage im Jahre 63 und ihre Folgen

26 Nach diesen Vorbereitungen bewarb sich Catilina trotz allem auch für das nächste Jahr um das Konsulat; wenn er erst ernannt sei, so hoffte er, werde sich Antonius leicht von ihm nach seinem Willen gebrauchen lassen. Auch in der Zwischenzeit verhielt er sich nicht ruhig, sondern versuchte, auf jede mögliche Weise Cicero Fallen zu stellen. Dem fehlte es aber auch nicht an List und Gerissenheit, sich zu sichern. Denn schon zu Beginn seines Konsulats hatte er es durch große Versprechungen mit Fulvias Hilfe fertiggebracht, daß ihm der eben vorhin erwähnte Quintus Curius die Absichten Catilinas verriet. Zudem hatte er seinen Amtskollegen Antonius durch vertragliche Abtretung der eigenen Provinz bewogen, keine staatsfeindliche Gesinnung zu zeigen. Als persönlichen Schutz hatte er seine Freunde und Anhänger getarnt um sich.

Als nun der Wahltag gekommen war und für Catilina weder die Bewerbung noch die Anschläge, die er gegen die Konsuln auf dem Wahlgelände vorbereitet hatte, erfolgreich verliefen, beschloß er, offen Krieg anzufangen und das Äußerste zu wagen, weil seine versteckt unternommenen Versuche ja so widrig und übel ausgegangen waren.

27 Er entsandte also Gaius Manlius nach Faesulae und in die dortige Gegend Etruriens, einen gewissen Septimius aus Camerinum in die Landschaft Picenum, Gaius Iulius nach Apulien, außerdem andere in andere Gebiete, wo ihm jeder voraussichtlich nützlich sein würde. Inzwischen unternimmt er in Rom vielerlei zugleich: er macht Anschläge auf die Konsuln, betreibt Brandstif-

dere, parare incendia, opportuna loca armatis homini-
bus obsidere; ipse cum telo esse, item alios iubere, hor-
tari, uti semper intenti paratique essent; dies noctisque
festinare, vigilare, neque insomniis neque labore fati-
gari.
3 Postremo, ubi multa agitanti nihil procedit, rursus
intempesta nocte coniurationis principes convocat per
4 M. Porcium Laecam; ibique multa de ignavia eorum
questus docet se Manlium praemisisse ad eam multitu-
dinem, quam ad capiunda arma paraverat, item alios in
alia loca opportuna, qui initium belli facerent, seque ad
exercitum proficisci cupere, si prius Ciceronem oppres-
sisset: eum suis consiliis multum officere.

28 Igitur perterritis ac dubitantibus ceteris C. Cornelius
eques Romanus operam suam pollicitus et cum eo
L. Vargunteius senator constituere ea nocte paulo post
cum armatis hominibus sicuti salutatum introire ad Ci-
ceronem ac de inproviso domi suae inparatum confode-
2 re. Curius ubi intelligit, quantum periculum consuli in-
pendeat, propere per Fulviam Ciceroni dolum, qui pa-
rabatur, enuntiat. ita illi ianua prohibiti tantum facinus
frustra susceperant.
4 Interea Manlius in Etruria plebem sollicitare, egesta-
te simul ac dolore iniuriae novarum rerum cupidam,
quod Sullae dominatione agros bonaque omnia amise-
rat, praeterea latrones quoiusque generis, quorum in ea
regione magna copia erat, nonnullos ex Sullanis coloni-
is, quibus lubido atque luxuria ex magnis rapinis nihil
relicui fecerant.

29 Ea cum Ciceroni nuntiarentur, ancipiti malo permo-
tus, quod neque urbem ab insidiis privato consilio lon-
gius tueri poterat neque, exercitus Manli quantus aut

tungen, besetzt geeignete Plätze mit Bewaffneten; er selbst trägt immer eine Waffe bei sich, verlangt das auch von den anderen, mahnt sie, stets voll und ganz einsatzbereit zu sein; Tag und Nacht ist er in Eile und auf der Hut, weder Schlaflosigkeit noch Anstrengungen können ihn ermüden.

Schließlich, als trotz seiner großen Betriebsamkeit nichts vorwärtsgeht, läßt er wieder einmal in später Nachtstunde die Führer der Verschwörung durch Marcus Porcius Laeca zusammenrufen, beklagt sich dort sehr über ihre Untätigkeit und unterrichtet sie davon, daß er Manlius zu der Gruppe vorausgesandt habe, die von ihm zum Losschlagen mit den Waffen vorgesehen war, sowie andere, die den Krieg eröffnen sollten, an andere günstige Plätze, und daß er sich auch zum Heer begeben wolle, wenn er vorher noch den Cicero erledigt habe; denn der stehe seinen Plänen sehr im Wege.

28 Während nun alle anderen entsetzt und unschlüssig waren, bot der römische Ritter Gaius Cornelius seine Hilfe an und mit ihm der Senator Lucius Vargunteius; sie beschlossen, noch in dieser Nacht gleich nachher mit bewaffneten Leuten bei Cicero einzutreten, als wollten sie den Morgengruß entbieten, und den Ahnungslosen in seinem eigenen Hause unversehens niederzustechen. Sobald Curius merkt, welche Gefahr dem Konsul droht, läßt er durch Fulvia eilends Cicero den geplanten Anschlag mitteilen. So wurden jene schon an der Türe abgewiesen, und die schwere Untat hatten sie sich umsonst vorgenommen.

Unterdessen wiegelte Manlius in Etrurien die Masse auf, die einen Umsturz herbeiwünschte aus Armut sowie aus Erbitterung darüber, daß sie ungerechterweise durch Sullas Gewaltherrschaft all ihren Land- und Güterbesitz eingebüßt hatte, ferner Banditen jeder Art, von denen es in dieser Gegend eine große Menge gab, dann noch einige Leute aus Sullas Militärsiedlungen, denen Ausschweifung und Genußsucht nichts von ihren großen Beutezügen übriggelassen hatten.

Maßnahmen des Staates

29 Als Cicero von diesen Vorgängen Nachricht erhielt, beunruhigte ihn eine zweifache Gefahr: daß er die Stadt in eigener Verantwortung nicht länger vor Anschlägen schützen konnte und daß

quo consilio foret, satis conpertum habebat, rem ad se-
natum refert, iam antea volgi rumoribus exagitatam.
2 itaque, quod plerumque in atroci negotio solet, senatus
decrevit, darent operam consules, ne quid res publica
3 detrimenti caperet. ea potestas per senatum more Ro-
mano magistratui maxuma permittitur: exercitum para-
re, bellum gerere, coercere omnibus modis socios atque
civis, domi militiaeque imperium atque iudicium sum-
mum habere; aliter sine populi iussu nullius earum re-
rum consuli ius est.

30 Post paucos dies L. Saenius senator in senatu litteras
recitavit, quas Faesulis adlatas sibi dicebat, in quibus
scriptum erat C. Manlium arma cepisse cum magna mul-
2 titudine ante diem VI Kalendas Novembris. simul, id
quod in tali re solet, alii portenta atque prodigia nuntia-
bant, alii conventus fieri, arma portari, Capuae atque in
3 Apulia servile bellum moveri. igitur senati decreto Q.
Marcius Rex Faesulas, Q. Metellus Creticus in Apuliam
4 circumque ea loca missi – hi utrique ad urbem imperato-
res erant, inpediti, ne triumpharent, calumnia pauco-
rum, quibus omnia honesta atque inhonesta vendere
5 mos erat –, sed praetores Q. Pompeius Rufus Capuam,
Q. Metellus Celer in agrum Picenum, iisque permissum,
uti pro tempore atque periculo exercitum conpararent.
6 ad hoc, si quis indicavisset de coniuratione, quae contra
rem publicam facta erat, praemium servo libertatem et
sestertia centum, libero inpunitatem eius rei et sestertia
7 ducenta, itemque decrevere, uti gladiatoriae familiae
Capuam et in cetera municipia distribuerentur pro
quoiusque opibus, Romae per totam urbem vigiliae ha-
berentur iisque minores magistratus praeessent.

31 Quis rebus permota civitas atque inmutata urbis fa-
cies erat; ex summa laetitia atque lascivia, quae diutur-

er über Stärke und Aufgabe der Heeresgruppe des Manlius nicht genügend erfahren hatte; daher trug er dem Senat die Sache vor, die schon vorher durch die Redereien der Masse hochgespielt worden war. So faßte nun der Senat, wie es in schlimmer Lage meist zu geschehen pflegt, den Beschluß: »Die Konsuln sollen achtgeben, daß der Staat keinerlei Schaden nehme.« Diese Vollmacht ist die höchste, die nach römischem Herkommen vom Senat einem Beamten übertragen wird; er ist dann befugt, ein Heer auszurüsten, Krieg zu führen, bei Bundesgenossen und Bürgern mit allen Mitteln die Ordnung aufrechtzuerhalten, in der Heimat und im Feld die oberste militärische und richterliche Gewalt auszuüben. Andernfalls hat der Konsul ohne Genehmigung des Volkes kein Recht zu diesen Maßnahmen.

30 Wenige Tage nachher verlas der Senator Lucius Saenius im Senat einen Brief, den er seiner Angabe nach aus Faesulae erhalten hatte. Darin stand, daß Gaius Manlius mit einer großen Schar am 27. Oktober zu den Waffen gegriffen habe. Zugleich berichteten die einen – wie gewöhnlich in einer solchen Lage – von grausigen Zeichen und Wundern, andere, daß Zusammenrottungen stattfänden, Waffen verfrachtet würden und in Capua und Apulien ein Sklavenkrieg ausbreche. Daher wurden auf Beschluß des Senats Quintus Marcius Rex nach Faesulae und Quintus Metellus Creticus nach Apulien und in die umliegende Gegend entsandt – diese beiden standen als (siegreiche) Heerführer vor der Stadt und wurden durch die Machenschaften einer kleinen Clique, die alles, auch Ehre und Schande, zu vermarkten pflegte, am triumphalen Einzug gehindert. Der Prätor Quintus Pompeius Rufus wurde nach Capua entsandt und der Prätor Quintus Metellus Celer in die Landschaft Picenum; sie waren ermächtigt, je nach Gefährlichkeit der Lage ein Heer aufzustellen. Außerdem beschloß man: Wer über die Verschwörung, die sich gegen den Staat richtete, Angaben mache, solle eine Belohnung erhalten, und zwar ein Sklave die Freiheit und 100 000 Sesterze, ein Freier Straflosigkeit in der vorliegenden Sache und 200 000 Sesterze; desgleichen, daß die Gladiatorengruppen nach Capua und in die übrigen Landstädte, je nach den Mitteln einer jeden, verlegt würden und daß in Rom in der ganzen Stadt Wachen aufgestellt und diese von Beamten niederen Ranges angeführt werden sollten.

31 Diese Vorgänge hatten die Bürgerschaft in Aufregung versetzt und das Aussehen der Stadt verwandelt. Nach höchst ausge-

2 na quies pepererat, repente omnis tristitia invasit: festi-
nare, trepidare, neque loco neque homini quoiquam sa-
tis credere, neque bellum gerere neque pacem habere,
3 suo quisque metu pericula metiri. ad hoc mulieres, qui-
bus rei publicae magnitudine belli timor insolitus inces-
serat, adflictare sese, manus supplices ad caelum tende-
re, miserari parvos liberos, rogitare omnia, ⟨omni rumo-
re⟩ pavere, ⟨adripere omnia⟩, superbia atque deliciis
omissis sibi patriaeque diffidere.

4 At Catilinae crudelis animus eadem illa movebat,
tametsi praesidia parabantur et ipse lege Plautia interro-
5 gatus erat ab L. Paulo. postremo dissimulandi causa aut
sui expurgandi, sicut iurgio lacessitus foret, in senatum
6 venit. tum M. Tullius consul, sive praesentiam eius ti-
mens sive ira conmotus, orationem habuit luculentam
atque utilem rei publicae, quam postea scriptam edidit.
7 sed ubi ille adsedit, Catilina, ut erat paratus ad dissimu-
landa omnia, demisso voltu, voce supplici postulare a
patribus coepit, ne quid de se temere crederent: ea fa-
milia ortum, ita se ab adulescentia vitam instituisse, ut
omnia bona in spe haberet; ne existumarent sibi, patri-
cio homini, quoius ipsius atque maiorum pluruma bene-
ficia in plebem Romanam essent, perdita re publica
opus esse, quom eam servaret M. Tullius, inquilinus
8 civis urbis Romae. ad hoc male dicta alia quom adderet,
obstrepere omnes, hostem atque parricidam vocare.
9 tum ille furibundus "quoniam quidem circumventus"
inquit "ab inimicis praeceps agor, incendium meum ru-
ina restinguam".

lassener Fröhlichkeit, welche ein langer Friede mit sich gebracht hatte, kam plötzlich Niedergeschlagenheit über alle: Man war hastig und aufgeregt, traute keinem Ort und keinem Menschen so recht, führte keinen Krieg und hatte auch keinen Frieden, jeder bemaß die Gefahren nach seiner eigenen Angst. Und die Frauen, die von einer wegen der Größe des Staates vorher nicht gekannten Kriegsfurcht ergriffen wurden, quälten sich ab, streckten flehend die Hände zum Himmel, jammerten um ihre kleinen Kinder, fragten nach allem, bangten (bei jedem Gerücht, schnappten alles auf), ließen ab von Hoffart und Vergnügungen und verloren das Vertrauen zu sich und dem Vaterland.

Catilinas Weggang nach Etrurien

Catilina jedoch verfolgte kaltblütig dieselben Ziele weiter, obgleich schon Schutzmaßnahmen getroffen wurden und er selbst aufgrund des Plautischen Gesetzes von Lucius Paulus gerichtlich belangt worden war. Zuletzt kam er sogar in den Senat, um die Sache zu vertuschen oder um sich reinzuwaschen, wie wenn er durch einen Streit herausgefordert sei. Da hielt der Konsul Marcus Tullius, sei es daß er dessen Anwesenheit scheute oder daß ihn der Zorn dazu trieb, eine glänzende, staatspolitisch förderliche Rede, die er später niedergeschrieben und veröffentlicht hat. Kaum hatte er wieder Platz genommen, da begann Catilina, entschlossen alles abzuleugnen, mit gesenktem Blick und bittender Stimme von den Senatoren zu verlangen, doch nicht leichthin etwas über ihn zu glauben: Er stamme aus so guter Familie und habe von Jugend auf sein Leben so eingerichtet, daß er sich in allem beste Hoffnungen machen dürfe; sie sollten doch nicht meinen, daß er, ein Patrizier, der selbst ebenso wie seine Vorfahren sehr viele Verdienste um das einfache Volk in Rom aufzuweisen habe, den Untergang des Staates nötig habe, während Marcus Tullius, nur ein ›Zugereister‹ in der Stadt Rom, seinen Retter spiele. Als er dann noch weitere Beleidigungen hinzufügte, schrieen ihn alle nieder und nannten ihn einen Staatsfeind und Mörder. Da rief er voller Wut: »Nun denn, weil ich von meinen Feinden umstellt und in den Abgrund getrieben werde, will ich den Brand, der mich bedroht, unter Trümmern ersticken.«

32 Deinde se ex curia domum proripuit. ibi multa ipse
secum volvens, quod neque insidiae consuli procede-
bant et ab incendio intellegebat urbem vigiliis munitam,
optumum factu credens exercitum augere ac, prius
quam legiones scriberentur, multa antecapere, quae
bello usui forent, nocte intempesta cum paucis in Man-
2 liana castra profectus est. sed Cethego atque Lentulo
ceterisque, quorum cognoverat promptam audaciam,
mandat, quibus rebus possent, opes factionis confir-
ment, insidias consuli maturent, caedem incendia alia-
que belli facinora parent: sese propediem cum magno
exercitu ad urbem adcessurum.

3 Dum haec Romae geruntur, C. Manlius ex suo nume-
ro legatos ad Marcium Regem mittit cum mandatis hui-
33 usce modi: "Deos hominesque testamur, imperator, nos
arma neque contra patriam cepisse neque quo pericu-
lum aliis faceremus, sed uti corpora nostra ab iniuria
tuta forent, qui miseri, egentes violentia atque crudeli-
tate faeneratorum plerique patria, sed omnes fama at-
que fortunis expertes sumus. neque quoiquam nostrum
licuit more maiorum lege uti neque amisso patrimonio
liberum corpus habere: tanta saevitia faeneratorum at-
2 que praetoris fuit. saepe maiores vostrum, miseriti ple-
bis Romanae, decretis suis inopiae eius opitulati sunt,
ac novissume memoria nostra propter magnitudinem
aeris alieni volentibus omnibus bonis argentum aere so-
3 lutum est. saepe ipsa plebs, aut dominandi studio per-
mota aut superbia magistratuum, armata a patribus se-
4 cessit. at nos non imperium neque divitias petimus,
quarum rerum causa bella atque certamina omnia inter
mortalis sunt, sed libertatem, quam nemo bonus nisi
5 cum anima simul amittit. te atque senatum obstestamur,
consulatis miseris civibus, legis praesidium, quod iniqui-

32 Dann stürzte er aus der Senatsversammlung weg nach Hause. Dort ließ er sich so manches durch den Kopf gehen; und weil seine Anschläge gegen den Konsul nicht vorankommen wollten und die Stadt, wie er sah, durch Wachmannschaften gegen Brandstiftung gesichert war, hielt er es für das beste, sein Heer zu verstärken und sich, noch ehe Legionen ausgehoben würden, mit viel Kriegsbedarf im voraus einzudecken; zu später Nachtstunde reiste er dann mit ein paar Leuten in das Lager des Manlius ab. Dem Cethegus aber und dem Lentulus und den übrigen, deren kühne Entschlossenheit er kannte, gibt er den Auftrag, auf jede mögliche Weise die Machtmittel seiner Gruppe zu stärken, den Anschlag auf den Konsul bald auszuführen, Mord, Brand und andere Kriegshandlungen vorzubereiten; er selbst werde in den nächsten Tagen mit einem großen Heer vor die Stadt rücken.

Während dieser Vorgänge in Rom schickt Gaius Manlius aus seinen Leuten Gesandte zu Marcius Rex mit etwa folgenden Aufträgen:

33 »Götter und Menschen rufen wir als Zeugen an, Feldherr, daß wir die Waffen weder gegen unser Vaterland erhoben haben, noch um andere in Gefahr zu bringen, sondern um uns selbst gegen Unrecht zu sichern; denn wir sind verelendet und verarmt und haben durch den rohen Zugriff von Wucherern größtenteils unsere Heimat, alle aber unseren guten Namen und unsere Habe verloren. Auch war es keinem von uns vergönnt, nach Art unserer Vorfahren den Schutz des Gesetzes zu genießen oder nach dem Verlust des ererbten Vermögens die persönliche Freiheit zu behalten; so groß war die Unerbittlichkeit der Wucherer und des Gerichtsvorstands. Oft haben eure Vorfahren aus Mitgefühl mit dem einfachen Volk von Rom durch ihre Beschlüsse seiner Verarmung abgeholfen, und noch jüngst in unserer Zeit brauchte man wegen der Höhe der Verschuldung anstatt Silber bloß Kupfer zurückzubezahlen, womit alle rechtlich Denkenden einverstanden waren. Oft hat auch das Volk selbst entweder aus dem Streben nach Unabhängigkeit oder wegen der Überheblichkeit der Behörden die Waffen ergriffen und sich von den Patriziern losgesagt. Wir dagegen streben gar nicht nach Herrschaft und Reichtum – deswegen kommt es unter den Menschen ja zu all den Kriegen und Streitigkeiten –, wir wollen nur unsere Freiheit, die ein rechter Mann erst mit dem letzten Atemzuge aufgibt. Wir beschwören dich und den Senat: Nehmt euch eurer unglücklichen Mitbürger an, stellt den Rechts-

tas praetoris eripuit, restituatis neve nobis eam necessi-
tudinem inponatis, ut quaeramus, quonam modo maxu-
me ulti sanguinem nostrum pereamus."

34 Ad haec Q. Marcius respondit: si quid ab senatu pete-
re vellent, ab armis discedant, Romam supplices profi-
ciscantur; ea mansuetudine atque misericordia senatum
populi Romani semper fuisse, ut nemo umquam ab eo
frustra auxilium petiverit.
2 At Catilina ex itinere plerisque consularibus, praeter-
ea optumo quoique litteras mittit: se falsis criminibus
circumventum, quoniam factioni inimicorum resistere
nequiverit, fortunae cedere, Massiliam in exilium profi-
cisci, non quo sibi tanti sceleris conscius esset, sed uti
res publica quieta foret neve ex sua contentione seditio
3 oreretur. ab his longe divorsas litteras Q. Catulus in
senatu recitavit, quas sibi nomine Catilinae redditas di-
cebat. earum exemplum infra scriptum est:

35 "L. Catilina Q. Catulo. Egregia tua fides re cognita,
grata mihi magnis in meis periculis, fiduciam commen-
2 dationi meae tribuit. quam ob rem defensionem in novo
consilio non statui parare; satisfactionem ex nulla con-
scientia de culpa proponere decrevi, quam, me Dius
3 Fidius, veram licet cognoscas. iniuriis contumeliisque
concitatus, quod fructu laboris industriaeque meae pri-
vatus statum dignitatis non obtinebam, publicam mise-
rorum causam pro mea consuetudine suscepi, non quin
aes alienum meis nominibus ex possessionibus solvere
non possem – et alienis nominibus liberalitas Orestillae
suis filiaeque copiis persolveret –, sed quod non dignos
homines honore honestatos videbam meque falsa suspi-
4 cione alienatum esse sentiebam. hoc nomine satis hones-
tas pro meo casu spes reliquae dignitatis conservandae
5 sum secutus. plura quom scribere vellem, nuntiatum est

schutz wieder her, den uns ein parteiischer Gerichtsvorstand entrissen hat, und versetzt uns nicht in die Zwangslage, uns fragen zu müssen, wie wir uns für unser Blut am besten rächen können, um dann unterzugehen!«

34 Darauf antwortete Quintus Marcius: Wenn sie beim Senat etwas erreichen wollten, so sollten sie die Waffen niederlegen und sich als Bittende nach Rom begeben; der Senat des römischen Volkes sei stets so mild und mitfühlend gewesen, daß noch nie jemand bei ihm vergeblich um Hilfe nachgesucht habe.

Catilina aber schickt unterwegs Briefe an die meisten ehemaligen Konsuln, außerdem an Männer der Führungsschicht: Er sei falschen Beschuldigungen zum Opfer gefallen. Weil er gegen die Partei seiner Feinde nicht mehr habe aufkommen können, füge er sich in sein Schicksal und gehe nach Massilia in die Verbannung, nicht etwa weil er sich eines so schweren Verbrechens bewußt sei, sondern damit der Staat zur Ruhe komme und aus seinem persönlichen Kampf kein Aufruhr entstehe. Davon völlig verschieden war ein Brief, den Quintus Catulus im Senat verlas; er war ihm, wie er sagte, in Catilinas Auftrag zugestellt worden. Eine Abschrift ist im folgenden wiedergegeben:

35 »Lucius Catilina grüßt Quintus Catulus. Deine außergewöhnliche, durch die Tat bewiesene Treue, die mir in meinen schweren Bedrängnissen so willkommen ist, gibt mir Zuversicht, mich Dir anzuvertrauen. Deshalb beschloß ich auch, keine Verteidigung für meinen neuen Entschluß anzubieten, wohl aber entschied ich mich, im Bewußtsein meiner Schuldlosigkeit eine Rechtfertigung vorzulegen, die Du, beim Gott der Treue, als aufrichtig ansehen darfst: Durch ungerechte, schmachvolle Behandlung aufgebracht, weil ich um die Früchte meiner Arbeit und Strebsamkeit gebracht wurde und die ehrenvolle Stellung nicht erhielt, nahm ich mich entsprechend meiner Gewohnheit der Sache der Verarmten an, die alle angeht; dies tat ich nicht, weil ich die auf meinen Namen lautenden Schulden aus meinem Besitz etwa nicht bezahlen könnte – sogar auf den Namen anderer eingetragene Schulden würde ja Orestillas Großzügigkeit aus ihren und ihrer Tochter Mitteln begleichen –, sondern weil ich Leute, die es nicht verdienten, mit Ehren überhäuft sah, mich aber auf unbegründete Verdächtigung hin weggeschoben fühlte. Aus diesem Grunde folgte ich den in meiner Lage durchaus ehrenhaften Hoffnungen, den Rest meiner Würde zu wahren. Eigentlich möchte ich noch mehr schreiben, er-

6 vim mihi parari. nunc Orestillam commendo tuaeque
fidei trado; eam ab iniuria defendas, per liberos tuos
rogatus. Haveto."

36 Sed ipse paucos dies conmoratus apud C. Flaminium
in agro Arretino, dum vicinitatem antea sollicitatam ar-
mis exornat, cum fascibus atque aliis imperi insignibus
in castra ad Manlium contendit.

2 Haec ubi Romae conperta sunt, senatus Catilinam et
Manlium hostis iudicat, ceterae multitudini diem statu-
it, ante quam sine fraude liceret ab armis discedere
3 praeter rerum capitalium condemnatos. praeterea de-
cernit, uti consules dilectum habeant, Antonius cum ex-
ercitu Catilinam persequi maturet, Cicero urbi praesi-
dio sit.

4 Ea tempestate mihi imperium populi Romani multo
maxume miserabile visum est. quoi quom ad occasum
ab ortu solis omnia domita armis parerent, domi otium
atque divitiae, quae prima mortales putant, adfluerent,
fuere tamen cives, qui seque remque publicam obstina-
5 tis animis perditum irent. namque duobus senati decre-
tis ex tanta multitudine neque praemio inductus coniu-
rationem patefecerat neque ex castris Catilinae quis-
quam omnium discesserat: tanta vis morbi atque uti ta-
bes plerosque civium animos invaserat.
37 Neque solum illis aliena mens erat, qui conscii coniu-
rationis fuerant, sed omnino cuncta plebes novarum re-
2 rum studio Catilinae incepta probabat. id adeo more
3 suo videbatur facere; nam semper in civitate, quibus
opes nullae sunt, bonis invident, malos extollunt, vetera
odere, nova exoptant, odio suarum rerum mutari omnia

halte aber eben die Meldung, daß man eine Gewalttat gegen mich vorbereitet. So empfehle ich Dir nun meine Orestilla und vertraue sie Deinem Beistand an. Schütze sie vor Unrecht, ich bitte Dich bei Deinen Kindern darum. Leb wohl!«

36 Er selbst hält sich ein paar Tage bei Gaius Flaminius im Gebiet von Arretium auf und rüstet die schon früher aufgewiegelte Nachbargegend mit Waffen aus; dann begibt er sich mit den Rutenbündeln und den anderen Abzeichen der Befehlsgewalt ins Lager zu Manlius.

Sobald das in Rom bekannt wurde, erklärt der Senat Catilina und Manlius zu Staatsfeinden; für die übrige Menge bestimmt er eine Frist, bis zu der sie die Waffen noch ›ohne Nachteil‹ niederlegen könnten, mit Ausnahme derer, die wegen todeswürdiger Verbrechen bereits abgeurteilt waren. Außerdem ordnet er an, die Konsuln sollten Aushebungen vornehmen, Antonius solle Catilina mit einem Heer zügig nachsetzen und Cicero den Schutz der Stadt übernehmen.

DIE POLITISCHE LAGE ROMS

In jener Zeit war, wie mir schien, das Reich des römischen Volkes im erbärmlichsten Zustand überhaupt. Es gehorchte ihm zwar vom Osten bis zum Westen alles, was mit Waffen bezwungen worden war, im Innern breiteten sich Ruhe und Reichtum aus – die ersten Güter in der Wertung der Menschen –, es gab aber auch Bürger, die in ihrer Hartnäckigkeit darauf ausgingen, sich und den Staat zugrunde zu richten. Trotz der zwei Senatsbeschlüsse nämlich hatte sich aus dem ganzen großen Haufen kein einziger durch die ausgesetzte Belohnung verleiten lassen, die Verschwörung aufzudecken oder aus Catilinas Lager fortzulaufen: So heftig war die Krankheit, und wie eine Seuche hatte sie die meisten Bürger befallen.

37 Doch nicht nur die Mitwisser der Verschwörung dachten verblendet, sondern das ganze einfache Volk überhaupt billigte in seinem Streben nach Neugestaltung der Verhältnisse die Vorhaben Catilinas. Anscheinend tat es das, weil es eben seiner Art entsprach; denn in einem Staat blicken die Besitzlosen von jeher mit Neid auf die Gutgestellten, sie erheben die Schlechten, hassen das Alte und wünschen Neues, trachten aus Erbitterung über ihre

student, turba atque seditionibus sine cura aluntur,
4 quoniam egestas facile habetur sine damno. sed urbana
5 plebes, ea vero praeceps erat de multis causis: primum
omnium, qui ubique probro atque petulantia maxume
praestabant, item alii per dedecora patrimoniis amissis,
postremo omnes, quos flagitium aut facinus domo expu-
6 lerat, ii Romam sicut in sentinam confluxerant. deinde
multi memores Sullanae victoriae, quod ex gregariis mi-
litibus alios senatores videbant, alios ita divites, ut regio
victu atque cultu aetatem agerent, sibi quisque, si in
7 armis foret, ex victoria talia sperabat. praeterea iuven-
tus, quae in agris manuum mercede inopiam tolerave-
rat, privatis atque publicis largitionibus excita urbanum
otium ingrato labori praetulerat. eos atque alios omnis
8 malum publicum alebat. quo minus mirandum est homi-
nes egentis, malis moribus, maxuma spe, rei publicae
9 iuxta ac sibi consuluisse. praeterea, quorum victoria
Sullae parentes proscripti, bona erepta, ius libertatis in-
minutum erat, haud sane alio animo belli eventum ex-
10 spectabant. ad hoc quicumque aliarum atque senatus
partium erant, conturbari rem publicam quam minus
11 valere ipsi malebant. id adeo malum multos post annos
in civitatem revorterat.

38 Nam postquam Cn. Pompeio et M. Crasso consulibus
tribunicia potestas restituta est, homines adulescentes
summam potestatem nacti, quibus aetas animusque fe-
rox erat, coepere senatum criminando plebem exagita-
re, dein largiundo atque pollicitando magis incendere,
2 ita ipsi clari potentesque fieri. contra eos summa ope
nitebatur pleraque nobilitas senatus specie pro sua mag-
3 nitudine. namque, uti paucis verum absolvam, post illa
tempora quicumque rem publicam agitavere, honestis

eigene Lage nach einem allgemeinen Umbruch, bei großen Wirren und Aufruhr bringen sie sich ohne Sorge durch, denn die Armut hat es leicht, sie hat nichts einzubüßen. Die Plebs in der Hauptstadt aber, die war ganz hingerissen, und zwar aus vielen Gründen: zu allererst die, die sich überall durch Liederlichkeit und Frechheit besonders hervortaten, desgleichen andere, die ihr väterliches Erbe schändlich vertan, schließlich alle, die ein Verbrechen oder eine Untat aus der Heimat fortgetrieben hatte, sie waren in Rom wie in einem Abwassertümpel zusammengeflossen. Sodann dachten viele an Sullas Siegeszug zurück, und weil sie sahen, wie die einen aus einfachen Soldaten Senatoren geworden waren und andere so reich, daß sie ihr Leben im Stil und Prunk von Königen verbingen konnten, erhoffte sich jeder, wenn er auch Soldat wäre, ähnliches von einem Sieg. Ferner hatten die jungen Leute, die sich auf dem Lande mit dem Verdienst aus ihrer Hände Arbeit notdürftig durchgebracht hatten, durch private und staatliche Zuwendungen gelockt, das Nichtstun in der Großstadt der undankbaren Feldarbeit vorgezogen. Ihnen und allen andern bot der allgemeine Mißstand den Lebensunterhalt. Um so weniger darf man sich wundern, daß Habenichtse bei ihrer miesen Einstellung und ihrer überspannten Erwartung an den Staat ebensowenig dachten wie an sich selber. Außerdem warteten diejenigen, denen Sullas Sieg die Eltern geächtet, die Güter entrissen und ihr Recht als freie Bürger geschmälert hatte, gewiß in gleicher Gesinnung auf das Gelingen des Krieges. Überdies wollten alle, die es mit einer anderen als der Senatspartei hielten, lieber den Staat erschüttert sehen als selbst weniger Einfluß haben. Gerade dieses Übel war damit nach vielen Jahren in die Bürgerschaft zurückgekehrt.

38 Unter dem Konsulat des Gnaeus Pompeius und Marcus Crassus (im J. 70) war nämlich die Amtsgewalt der Volkstribunen wiederhergestellt worden. Hatten nun junge Leute, die in ihrer Altersstufe und Einstellung radikal waren, diese herausgehobene Machtposition erreicht, dann fingen sie an, durch Verleumdung des Senats die Masse aufzuputschen, sie darauf durch Schenkungen und Versprechungen noch mehr anzuheizen und auf diese Weise selbst angesehen und mächtig zu werden. Gegen sie stemmte sich mit aller Kraft der größte Teil der Nobilität, scheinbar für den Senat, tatsächlich aber für die eigene Macht. Denn, um mit wenigen Worten die Wahrheit auszusprechen: alle, die seit jener Zeit politische Agitation trieben, taten das mit trefflichen Schlagwor-

nominibus, alii, sicuti populi iura defenderent, pars,
quo senatus auctoritas maxuma foret, bonum publicum
4 simulantes pro sua quisque potentia certabant. neque
illis modestia neque modus contentionis erat: utrique
victoriam crudeliter exercebant.

39 Sed postquam Cn. Pompeius ad bellum maritumum
atque Mithridaticum missus est, plebis opes inminutae,
paucorum potentia crevit: ii magistratus, provincias
2 aliaque omnia tenere; ipsi innoxii, florentes, sine metu
aetatem agere ceterosque iudiciis terrere, quo plebem
3 in magistratu placidius tractarent. sed ubi primum du-
biis rebus novandi spes oblata est, vetus certamen ani-
mos eorum adrexit.

4 Quod si primo proelio Catilina superior aut aequa
manu discessisset, profecto magna clades atque cala-
mitas rem publicam oppressisset, neque illis, qui victo-
riam adepti forent, diutius ea uti licuisset, quin defessis
et exsanguibus, qui plus posset, imperium atque liberta-
5 tem extorqueret. fuere tamen extra coniurationem com-
plures, qui ad Catilinam initio profecti sunt. in iis erat
Fulvius, senatoris filius, quem retractum ex itinere pa-
rens necari iussit.

6 Isdem temporibus Romae Lentulus, sicuti Catilina
praeceperat, quoscumque moribus aut fortuna novis re-
bus idoneos credebat, aut per se aut per alios sollicita-
bat, neque solum civis, sed quoiusque modi genus ho-
minum, quod modo bello usui foret.

40 Igitur P. Umbreno quoidam negotium dat, uti legatos
Allobrogum requirat eosque, si possit, inpellat ad socie-
tatem belli, existumans publice privatimque aere alieno

ten, die einen, als wollten sie die Rechte des Volkes verteidigen, andere, um den Einfluß des Senats möglichst zu stärken; sie schützten das Allgemeinwohl vor, jeder kämpfte aber für seine eigene Macht. Bei der Auseinandersetzung kannte man weder Maß noch Ziel; kaltblütig suchten beide Gruppen ihren Sieg auszunutzen.

39 Nachdem aber Gnaeus Pompeius zur Kriegführung gegen die Seeräuber (im J. 67) und gegen Mithridates (im J. 66) entsandt worden war, verringerte sich der Einfluß des Volkes, und es wuchs die Macht der ›Wenigen‹. Sie hatten die Staatsämter, die Provinzen und alles andere in ihrer Hand. Unangefochten und glänzend gestellt, verbrachten sie ihr Leben ohne Angst, die anderen schreckten sie durch Prozeßdrohungen, damit sie bei ihrer Amtsführung das Volk um so ruhiger hielten. Sobald sich aber bei unsicherer Lage die Aussicht auf politische Veränderungen bot, da gab ihnen der alte Streit wieder neuen Mut.

Wäre nun die erste Schlacht für Catilina siegreich oder auch nur unentschieden ausgegangen, dann hätte gewiß ein schweres Unglück und Unheil den Staat getroffen; die Gewinner hätten ihren Sieg jedoch auch nicht sehr lange ausnützen können, ohne daß ein Stärkerer den Erschöpften und Ausgebluteten Macht und Freiheit wieder entwunden hätte. Trotzdem gab es auch außerhalb des eigentlichen Verschwörerkreises so manche, die gleich anfangs zu Catilina stießen. Unter diesen war Fulvius, der Sohn eines Senators, den sein Vater vom Wege zurückholen und hinrichten ließ.

DIE ENTDECKUNG DER VERSCHWÖRUNG

Fehler der Verschwörer

Zur selben Zeit suchte in Rom Lentulus, dem Auftrag Catilinas gemäß, alle Leute, die er wegen ihres Charakters oder ihrer Vermögenslage für den Umsturz als geeignet ansah, persönlich oder durch Hintermänner aufzuhetzen, und zwar nicht nur Bürger, sondern Menschen jeden Schlags, wenn sie nur für den Krieg zu gebrauchen waren.

40 So gibt er einem gewissen Publius Umbrenus den Auftrag, die Gesandten der Allobroger aufzusuchen und sie womöglich zur Teilnahme am Krieg zu bewegen; er nimmt an, daß sie unter dem Druck ihrer öffentlichen und privaten Verschuldung, außerdem

oppressos, praeterea quod natura gens Gallica bellicosa
2 esset, facile eos ad tale consilium adduci posse. Umbre-
nus quod in Gallia negotiatus erat, plerisque principibus
civitatium notus erat atque eos noverat. itaque sine mo-
ra, ubi primum legatos in foro conspexit, percontatus
pauca de statu civitatis et quasi dolens eius casum requi-
3 rere coepit, quem exitum tantis malis sperarent. post-
quam illos videt queri de avaritia magistratuum, accusa-
re senatum, quod in eo auxili nihil esset, miseriis suis
remedium mortem expectare, "at ego" inquit "vobis, si
modo viri esse voltis, rationem ostendam, qua tanta ista
4 mala effugiatis". haec ubi dixit, Allobroges in maxu-
mam spem adducti Umbrenum orare, ut sui misereretur:
nihil tam asperum neque tam difficile esse, quod non
cupidissume facturi essent, dum ea res civitatem aere
5 alieno liberaret. ille eos in domum D. Bruti perducit,
quod foro propinqua erat neque aliena consili propter
6 Semproniam; nam tum Brutus ab Roma aberat. prae-
terea Gabinium arcessit, quo maior auctoritas sermoni
inesset. eo praesente coniurationem aperit, nominat so-
cios, praeterea multos quoiusque generis innoxios, quo
legatis animus amplior esset. deinde eos pollicitos ope-
ram suam domum dimittit.

41 Sed Allobroges diu in incerto habuere, quidnam consili
2 caperent. in altera parte erat aes alienum, studium belli,
magna merces in spe victoriae; at in altera maiores
3 opes, tuta consilia, pro incerta spe certa praemia. haec
4 illis volventibus tandem vicit fortuna rei publicae. ita-
que Q. Fabio Sangae, quoius patrocinio civitas pluru-
mum utebatur, rem omnem, uti cognoverant, aperiunt.
5 Cicero per Sangam consilio cognito legatis praecipit, ut
studium coniurationis vehementer simulent, ceteros
adeant, bene polliceantur dentque operam, uti eos
quam maxume manufestos habeant.

wegen der kriegerischen Veranlagung des gallischen Stammes leicht zu einem solchen Entschluß gebracht werden könnten. Weil Umbrenus in Gallien geschäftlich tätig gewesen war, war er den meisten Stammeshäuptlingen bekannt und kannte sie ebenfalls. Sobald er daher die Gesandten auf dem Forum erblickte, erkundigte er sich unverzüglich ein wenig nach den Zuständen in ihrem Stamm und begann dann, als ob ihm dessen Unglück leid tue, zu fragen, welchen Ausweg sie sich aus solch schlimmer Lage erhofften. Als er sieht, daß sie über die Raffgier der Beamten klagen, daß sie den Senat beschuldigen, weil man bei ihm gar keine Hilfe finde, und daß sie nur noch vom Tod Rettung aus ihrem Elend erwarten, da ruft er aus: »Aber ich will euch, wenn ihr nur Männer sein wollt, einen Weg zeigen, auf dem ihr aus eurer schlimmen Lage herauskommen könnt.« Auf diese Worte hin machen sich die Allobroger größte Hoffnung und bitten Umbrenus, sich ihrer zu erbarmen; nichts sei so hart und so schwer, daß sie es nicht bereitwilligst tun wollten, wenn das nur ihren Stamm von der Verschuldung befreie. Er führt sie in das Haus des Decimus Brutus, weil es nahe beim Forum lag und sich wegen der Sempronia für eine Beratung recht gut eignete; denn Brutus (ihr Mann) war damals nicht in Rom. Außerdem zieht er Gabinius bei, damit die Besprechung größeres Gewicht habe. In dessen Gegenwart enthüllt er die Verschwörung, nennt die Gefolgsleute, ferner noch viele Unbeteiligte aus allen Schichten, um den Gesandten mehr Mut zu machen. Sie versprechen daraufhin ihre Mitwirkung, und er entläßt sie in ihre Unterkunft.

41 Die Allobroger aber waren sich lange nicht im klaren, welchen Entschluß sie denn fassen sollten. Auf der einen Seite standen ihre Verschuldung, Kriegslust und bedeutender Gewinn bei dem erhofften Sieg; auf der anderen jedoch die größere Macht, risikolose Planungen und sichere Vorteile statt unsicherer Hoffnung. Als sie sich das hin und her überlegten, siegte schließlich der gute Stern unseres Staates. So eröffnen sie den ganzen Sachverhalt, wie er ihnen bekannt geworden war, Quintus Fabius Sanga, durch den sich der Stamm meist (in Rom) rechtlich vertreten ließ. Als nun Cicero durch Sanga den Plan erfahren hatte, gibt er den Gesandten die Weisung, entschiedenes Interesse an der Verschwörung vorzutäuschen, auch die übrigen Teilnehmer aufzusuchen, nur brav Versprechungen zu machen und sich Mühe zu geben, sie durch Beweismaterial möglichst festzulegen.

42 Isdem fere temporibus in Gallia citeriore atque ulte-
riore, item in agro Piceno, Bruttio, Apulia motus erat.
2 namque illi, quos ante Catilina dimiserat, inconsulte ac
veluti per dementiam cuncta simul agebant; nocturnis
consiliis, armorum atque telorum portationibus, festi-
nando, agitando omnia plus timoris quam periculi effe-
3 cerant. ex eo numero compluris Q. Metellus celer prae-
tor ex senatus consulto causa cognita in vincula coniece-
rat, item in citeriore Gallia C. Murena, qui ei provinciae
legatus praeerat.

43 At Romae Lentulus cum ceteris, qui principes coniu-
rationis erant, paratis, ut videbatur, magnis copiis con-
stituerant, uti, quom Catilina in agrum Aefulanum cum
exercitu venisset, L. Bestia tribunus plebis contione ha-
bita quereretur de actionibus Ciceronis bellique gravis-
sumi invidiam optumo consuli inponeret; eo signo pro-
xuma nocte cetera multitudo coniurationis suom quis-
2 que negotium exequeretur. sed ea divisa hoc modo di-
cebantur: Statilius et Gabinius uti cum magna manu
duodecim simul opportuna loca urbis incenderent, quo
tumultu facilior aditus ad consulem ceterosque, quibus
insidiae parabantur, fieret; Cethegus Ciceronis ianuam
obsideret eumque vi adgrederetur; alius autem alium,
sed filii familiarum, quorum ex nobilitate maxuma pars
erat, parentis interficerent; simul caede et incendio per-
3 culsis omnibus ad Catilinam erumperent. inter haec pa-
rata atque decreta Cethegus semper querebatur de igna-
via sociorum: illos dubitando et dies prolatando magnas
opportunitates conrumpere; facto, non consulto in tali
periculo opus esse, seque, si pauci adiuvarent, languen-
4 tibus aliis impetum in curiam facturum. natura ferox,
vehemens, manu promptus erat, maxumum bonum in
celeritate putabat.

42 Etwa zur selben Zeit gab es Unruhen in Gallien diesseits und jenseits der Alpen, ebenso im Picenerland, in Bruttium und in Apulien. Denn die Leute, die Catilina früher losgeschickt hatte, betrieben unbesonnen und geradezu hirnlos alles auf einmal; durch nächtliche Beratungen, durch Transporte von Kriegsgerät und Waffen, durch ihre überstürzte, allseitige Geschäftigkeit hatten sie mehr Angst als wirkliche Gefahr hervorgerufen. Einige aus ihren Reihen hatte der Prätor Quintus Metellus Celer nach Untersuchung des Tatbestandes kraft Senatsbeschlusses ins Gefängnis geworfen, ebenso im diesseitigen Gallien Gaius Murena, der diese Provinz als Statthalter leitete.

43 In Rom aber hatten Lentulus und die übrigen Rädelsführer der Verschwörung eine anscheinend große Streitmacht aufgestellt und folgendes verabredet: Sobald Catilina mit seinem Heerhaufen in das Gebiet von Aefula gekommen sei, solle der Volkstribun Lucius Bestia in einer Volksversammlung über Ciceros Amtshandlungen Klage führen und die Mißstimmung über den so lästigen Krieg dem ›besten‹ Konsul aufbürden; auf dieses Zeichen hin solle in der nächsten Nacht aus der übrigen Masse der Verschwörer jeder einzelne seinen Auftrag ausführen. Diese waren, wie es hieß, folgendermaßen verteilt: Statilius und Gabinius sollten mit einer großen Schar an zwölf günstigen Stellen der Stadt gleichzeitig Feuer legen, damit man sich in der Verwirrung leichter Zugang verschaffen könne zum Konsul und den übrigen, gegen die man Attentate vorhatte; Cethegus sollte Ciceros Haustüre besetzen und mit Gewalt über ihn herfallen; jeder sollte einen anderen umbringen, die noch im Elternhaus lebenden Söhne, von denen die meisten zur Nobilität gehörten, aber ihre Väter. Wenn dann durch das gleichzeitige Morden und Brennen alle niedergeschmettert seien, sollte der Durchbruch zu Catilina erfolgen. Bei diesen Vorbereitungen und Abmachungen beklagte sich Cethegus beständig über die Zaghaftigkeit seiner Genossen: Durch ihr Schwanken und das Hinausschieben von Terminen verpatzten sie die entscheidenden Gelegenheiten; eine Tat, nicht eine Überlegung brauche man in so gefahrvoller Lage, und darum wolle er bei der Schlaffheit der anderen den Sturm auf das Senatsgebäude selber durchführen, wenn nur ein paar Leute mitmachten. Er war eine impulsive, heftige Natur und gleich zum Dreinschlagen bereit, den größten Vorteil sah er in der Schnelligkeit.

44 Sed Allobroges ex praecepto Ciceronis per Gabinium
ceteros conveniunt. ab Lentulo, Cethego, Statilio, item
Cassio postulant ius iurandum, quod signatum ad civis
perferant: aliter haud facile eos ad tantum negotium
2 inpelli posse. ceteri nihil suspicantes dant, Cassius se-
met eo brevi venturum pollicetur ac paulo ante legatos
3 ex urbe proficiscitur. Lentulus cum iis T. Volturcium
quendam Crotoniensem mittit, ut Allobroges, prius
quam domum pergerent, cum Catilina data atque ac-
4 cepta fide societatem confirmarent. ipse Volturcio litte-
ras ad Catilinam dat, quarum exemplum infra scriptum
est:
5 "Qui sim, ex eo, quem ad te misi, cognosces. fac
cogites, in quanta calamitate sis, et memineris te virum
esse. consideres, quid tuae rationes postulent. auxilium
petas ab omnibus, etiam ab infumis."
6 Ad hoc mandata verbis dat: quom ab senatu hostis
iudicatus sit, quo consilio servitia repudiet? in urbe pa-
rata esse, quae iusserit. ne cunctetur ipse propius adce-
dere.

45 His rebus ita actis, constituta nocte, qua proficisce-
rentur, Cicero per legatos cuncta edoctus L. Valerio
Flacco et C. Pomptino praetoribus imperat, ut in ponte
Mulvio per insidias Allobrogum comitatus deprehen-
dant. rem omnem aperit, quoius gratia mittebantur; ce-
2 tera, uti facto opus sit, ita agant permittit. illi, homines
militares, sine tumultu praesidiis conlocatis, sicuti prae-
3 ceptum erat, occulte pontem obsidunt. postquam ad id
loci legati cum Volturcio venerunt et simul utrimque
clamor exortus est, Galli cito cognito consilio sine mora
4 praetoribus se tradunt, Volturcius primo cohortatus ce-
teros gladio se a multitudine defendit, deinde, ubi a
legatis desertus est, multa prius de salute sua Pompti-
num obtestatus, quod ei notus erat, postremo timidus ac
vitae diffidens velut hostibus sese praetoribus dedit.

44 Die Allobroger aber kommen der Anweisung Ciceros gemäß durch Vermittlung des Gabinius mit den übrigen zusammen. Sie verlangen von Lentulus, Cethegus, Statilius und von Cassius eidesstattliche Erklärungen, die sie versiegelt zu ihren Mitbürgern bringen wollten; sonst könnten diese nur schwer zu einem so entscheidenden Schritt bewogen werden. Die anderen stellen die Erklärungen, ohne Verdacht zu schöpfen, aus, Cassius aber verspricht, selbst bald zu ihnen zu kommen, und reist kurz vor den Gesandten aus der Stadt ab. Lentulus schickt einen gewissen Titus Volturcius aus Cortona mit den Allobrogern, damit sie vor ihrer Weiterreise in die Heimat noch das Bündnis mit Catilina durch eine gegenseitige Treueverpflichtung bekräftigten. Er selbst gibt Volturcius einen Brief an Catilina mit, dessen Wortlaut hier wiedergegeben ist:

»Wer ich bin, wirst Du von dem erfahren, den ich zu Dir schicke. Überlege doch, in welch mißlicher Lage Du steckst, und denk daran, daß Du ein Mann bist! Erwäge, was Deine Interessen fordern! Unterstützung magst Du bei allen suchen, selbst bei den Niedrigsten.«

Dazu gibt er mündliche Aufträge: Wenn er vom Senat schon zum Staatsfeind erklärt sei, wieso weise er da Sklaven zurück? In der Stadt seien die angeordneten Maßnahmen getroffen. Er selbst solle doch nicht zögern, näher heranzurücken.

45 Als nach diesem Verlauf der Dinge die Nacht für ihre Abreise festgesetzt war, gibt Cicero, durch die Gesandten über alles genau unterrichtet, den Prätoren Lucius Valerius Flaccus und Gaius Pomptinus den Befehl, das Gefolge der Allobroger auf der Mulvischen Brücke aus einem Hinterhalt heraus abzufangen. Er erklärt den ganzen Sachverhalt, weswegen sie hingeschickt würden; im übrigen ermächtigt er sie, so zu handeln, wie es erforderlich sei. Ohne Aufsehen stellen jene – sie sind Soldatennaturen – weisungsgemäß ihre Posten aus und besetzen unauffällig die Brücke. Nachdem die Gesandten zusammen mit Volturcius an die Stelle gekommen waren und sich auf beiden Seiten zugleich Geschrei erhob, da erfassen die Gallier rasch die Absicht und ergeben sich unverzüglich den Prätoren. Volturcius redet auf die anderen ein und wehrt sich anfangs mit dem Schwert gegen die Übermacht. Dann aber, als er sich von den Gesandten im Stich gelassen sieht, beschwört er zunächst Pomptinus, mit dem er bekannt war, mehrmals, ihm nichts zu tun; schließlich ergibt er sich in Angst und Bangen um sein Leben den Prätoren, als ob sie Feinde seien.

46 Quibus rebus confectis omnia propere per nuntios
2 consuli declarantur. at illum ingens cura atque laetitia
simul occupavere. nam laetabatur intellegens coniura-
tione patefacta civitatem periculis ereptam esse; porro
autem anxius erat dubitans, in maxumo scelere tantis
civibus deprehensis quid facto opus esset: poenam illo-
rum sibi oneri, inpunitatem perdundae rei publicae fore
3 credebat. igitur confirmato animo vocari ad sese iubet
Lentulum, Cethegum, Statilium, Gabinium, itemque
Caeparium Tarracinensem, qui in Apuliam ad concitan-
4 da servitia proficisci parabat. ceteri sine mora veniunt;
Caeparius, paulo ante domo egressus, cognito indicio ex
5 urbe profugerat. consul Lentulum, quod praetor erat,
ipse manu tenens in senatum perducit, reliquos cum
6 custodibus in aedem Concordiae venire iubet. eo sena-
tum advocat magnaque frequentia eius ordinis Voltur-
cium cum legatis introducit, Flaccum praetorem scri-
nium cum litteris, quas a legatis acceperat, eodem ad-
ferre iubet.

47 Volturcius interrogatus de itinere, de litteris, postre-
mo quid aut qua de causa consili habuisset, primo finge-
re alia, dissimulare de coniuratione; post ubi fide publi-
ca dicere iussus est, omnia, uti gesta erant, aperit docet-
que se paucis ante diebus a Gabinio et Caepario socium
adscitum nihil amplius scire quam legatos, tantummodo
audire solitum ex Gabinio P. Autronium, Servium Sul-
lam, L. Vargunteium, multos praeterea in ea coniura-
2 tione esse. eadem Galli fatentur ac Lentulum dissimu-
lantem coarguunt praeter litteras sermonibus, quos ille
habere solitus erat: ex libris Sibyllinis regnum Romae
tribus Corneliis portendi; Cinnam atque Sullam antea,
se tertium esse, quoi fatum foret urbis potiri; praeterea

Untersuchung des Falles im Senat

46 Nach Erledigung des Auftrags wird alles durch Boten eilends dem Konsul zur Kenntnis gebracht. Den aber ergriff ungeheure Sorge und Freude zugleich. Er freute sich nämlich bei dem Gedanken, daß die Bürgerschaft durch die Aufdeckung der Verschwörung den Gefahren entrissen sei, dann aber bangte er in seiner Verlegenheit, was nun zu tun sei, nachdem so bedeutende Bürger bei dem schwersten Verbrechen ergriffen worden waren. Ihre Bestrafung, so glaubte er, werde ihm zur Last gelegt werden, Straflosigkeit aber zum Verderben des Staates führen. Er faßt also festen Mut und läßt Lentulus, Cethegus, Statilius, Gabinius zu sich rufen, ebenso Caeparius aus Tarracina, der gerade nach Apulien aufbrechen wollte, um die Sklaven aufzuwiegeln. Die übrigen kommen ohne Säumen; nur Caeparius, der kurz vorher aus dem Haus gegangen war, hatte die Anzeige erfahren und sich aus der Stadt davongemacht. Der Konsul nimmt Lentulus, weil er Prätor war, persönlich an der Hand und führt ihn in den Senat, die übrigen läßt er unter Bewachung in den Tempel der Concordia kommen. Dorthin beruft er die Senatssitzung und führt bei starker Beteiligung des Senatorenstandes Volturcius mit den Gesandten vor; dem Prätor Flaccus befiehlt er, die Schachtel mit den Schriftstücken, die er von den Gesandten erhalten hatte, ebenfalls dorthin zu bringen.

47 Als Volturcius über seine Reise, über die Schriftstücke, schließlich über Art und Grund seines Planes verhört wird, lügt er zuerst Verschiedenes zusammen und tut, als wisse er nichts von einer Verschwörung. Sobald er dann unter Zusicherung von Straflosigkeit aufgefordert wird auszusagen, deckt er den Hergang der ganzen Sache auf und erklärt, er sei erst vor ein paar Tagen von Gabinius und Caeparius als Teilnehmer aufgenommen worden und wisse nicht mehr als die Gesandten auch, er habe lediglich von Gabinius wiederholt gehört, daß Publius Autronius, Servius Sulla, Lucius Vargunteius und dazu noch viele andere bei dieser Verschwörung seien. Dasselbe bestätigen die Gallier und überführen Lentulus, der sich aufs Leugnen verlegt, außer durch seinen Brief auch durch Äußerungen, die er immer wieder getan hatte: In den Büchern der Sibylle werde drei Corneliern die Herrschaft über Rom geweissagt; nach Cinna und Sulla sei er nun der dritte, dem es vom Schicksal bestimmt sei, Herr der Stadt zu werden. Zudem

ab incenso Capitolio illum esse vigesumum annum,
quem saepe ex prodigiis haruspices respondissent bello
3 civili cruentum fore. igitur perlectis litteris, quom prius
omnes signa sua cognovissent, senatus decernit, uti ab-
dicato magistratu Lentulus itemque ceteri in liberis cus-
4 todiis habeantur. itaque Lentulus P. Lentulo Spintheri,
qui tum aedilis erat, Cethegus Q. Cornificio, Statilius
C. Caesari, Gabinius M. Crasso, Caeparius – nam is
paulo ante ex fuga retractus erat – Cn. Terentio senatori
traduntur.

48 Interea plebs coniuratione patefacta, quae primo cu-
pida rerum novarum nimis bello favebat, mutata mente
Catilinae consilia execrari, Ciceronem ad caelum tolle-
re: veluti ex servitute erepta gaudium atque laetitiam
2 agitabat. namque alia belli facinora praedae magis
quam detrimento fore, incendium vero crudele, inmo-
deratum ac sibi maxume calamitosum putabat, quippe
quoi omnes copiae in usu cottidiano et cultu corporis
erant.

3 Post eum diem quidam L. Tarquinius ad senatum ad-
ductus erat, quem ad Catilinam proficiscentem ex itine-
4 re retractum aiebant. is quom se diceret indicaturum de
coniuratione, si fides publica data esset, iussus a consu-
le, quae sciret, edicere, eadem fere, quae Volturcius, de
paratis incendiis, de caede bonorum, de itinere hostium
senatum docet; praeterea se missum a M. Crasso, qui
Catilinae nuntiaret, ne eum Lentulus et Cethegus alii-
que ex coniuratione deprehensi terrerent, eoque magis
properaret ad urbem adcedere, quo et ceterorum ani-
5 mos reficeret et illi facilius e periculo eriperentur. sed
ubi Tarquinius Crassum nominavit, hominem nobilem,

sei dieses Jahr seit dem Brand des Kapitols das zwanzigste, das wegen eines Bürgerkrieges ein blutiges sein werde, wie die Opferbeschauer aufgrund der Vorzeichen oft verkündet hätten. Nachdem also die Briefe verlesen waren und jeder zuvor sein Siegel als echt anerkannt hatte, beschließt der Senat, daß Lentulus nach Niederlegung seines Amtes ebenso wie die übrigen in freier Haft gehalten werden solle. So werden also Lentulus dem damaligen Ädil Publius Lentulus Spinther, Cethegus dem Quintus Cornificius, Statilius dem Gaius Caesar, Gabinius dem Marcus Crassus, Caeparius – denn der war kurz vorher auf der Flucht aufgegriffen worden – dem Senator Gnaeus Terentius übergeben.

48 Die Plebs indessen, die anfangs auf einen Umsturz drängte und daher allzusehr einem Krieg zuneigte, änderte nach Entdekkung der Verschwörung ihre Haltung: Sie verwünschte die Absichten Catilinas, hob dagegen Cicero in den Himmel; als sei sie einem Sklavendasein entrissen, äußerte sie Freude und Fröhlichkeit. Denn sie meinte, die sonstigen Untaten in einem Kriege würden für sie mehr Gewinn als Verlust bedeuten, Brandstiftung dagegen empfand sie als grausam, vermessen und für sie höchst schädlich, da ihr ganzer Besitz ja nur in dem bestand, was man täglich braucht und auf dem Leibe trägt.

Crassus und Caesar

Nach diesem Tag wurde dem Senat ein gewisser Lucius Tarquinius vorgeführt, den man, wie es hieß, auf der Reise zu Catilina unterwegs aufgegriffen hatte. Als er erklärte, er wolle über die Verschwörung Aussagen machen, falls man ihm Straflosigkeit zusichere, wurde er vom Konsul aufgefordert, auszusagen, was er wisse. Daraufhin berichtet er dem Senat ungefähr dasselbe wie Volturcius über die geplanten Brandstiftungen, über die Ermordung der Konservativen, über den Anmarsch der Feinde; ferner, daß ihn Marcus Crassus zu Catilina geschickt habe mit der Weisung, sich durch die Verhaftung des Lentulus, Cethegus und anderer Mitverschworener nicht schrecken zu lassen, sondern um so rascher an die Stadt heranzurücken, damit die übrigen ihren Mut wiederfänden und jene leichter der Gefahr entgingen. Sobald jedoch Tarquinius den Namen Crassus genannt hatte, einen bekann-

maxumis divitiis, summa potentia, alii rem incredibilem
rati, pars tametsi verum existumabant, tamen, quia in
tali tempore tanta vis hominis magis leniunda quam ex-
agitanda videbatur, plerique Crasso ex negotiis privatis
obnoxii, conclamant indicem falsum esse, deque ea re
6 postulant, uti referatur. itaque consulente Cicerone fre-
quens senatus decernit: Tarquini indicium falsum videri
eumque in vinculis retinendum neque amplius potesta-
tem faciundam, nisi de eo indicaret, quoius consilio tan-
7 tam rem esset mentitus. erant eo tempore, qui exis-
tumarent indicium illud a P. Autronio machinatum, quo
facilius appellato Crasso per societatem periculi reli-
8 quos illius potentia tegeret. alii Tarquinium a Cicerone
inmissum aiebant, ne Crassus more suo suscepto malo-
9 rum patrocinio rem publicam conturbaret. ipsum Cras-
sum ego postea praedicantem audivi tantam illam con-
tumeliam sibi ab Cicerone inpositam.

49 Sed isdem temporibus Q. Catulus et C. Piso [neque
precibus] neque pretio neque gratia Ciceronem inpelle-
re potuere, uti per Allobroges aut alium indicem C.
2 Caesar falso nominaretur. nam uterque cum illo gravis
inimicitias exercebat: Piso oppugnatus in iudicio pecu-
niarum repetundarum propter quoiusdam Transpadani
supplicium iniustum, Catulus ex petitione pontificatus
odio incensus, quod extrema aetate, maxumis honori-
bus usus, ab adulescentulo Caesare victus discesserat.
3 res autem opportuna videbatur, quod is privatim egre-
gia liberalitate, publice maxumis muneribus grandem
4 pecuniam debebat. sed ubi consulem ad tantum facinus
inpellere nequeunt, ipsi singillatim circumeundo atque
ementiundo, quae se ex Volturcio aut Allobrogibus au-
disse dicerent, magnam illi invidiam conflaverant usque
eo, ut nonnulli equites Romani, qui praesidi causa cum

ten Mann von riesigem Reichtum und größtem Einfluß, hielten die einen die Sache für unglaubhaft, andere waren von ihrer Richtigkeit überzeugt; weil es aber unter solchen Umständen gut schien, einen so mächtigen Mann eher mild zu stimmen als zu reizen – die meisten waren durch private Geldgeschäfte von Crassus abhängig –, schreien sie trotzdem, der Angeber sei ein Lügner, und beantragen, daß über den Fall beraten werde. Als ihn daher Cicero zur Debatte stellt, entscheidet der zahlreich vertretene Senat, die Aussage des Tarquinius sei als falsch anzusehen; er solle in Haft gehalten werden und keine weitere Möglichkeit zu einer Äußerung bekommen, außer wenn er denjenigen anzeige, auf dessen Rat hin er eine solche Lüge vorgebracht habe. Verschiedene Leute meinten damals, jene Anzeige sei von Publius Autronius inszeniert worden, um mit der Nennung des Crassus die übrigen durch dessen Einfluß wegen der gemeinsamen Gefährdung um so leichter schützen zu können. Andere sagten, Tarquinius sei von Cicero vorgeschickt worden, damit Crassus nicht, wie es seine Art war, den Schutz der kleinen Leute übernehme und dadurch die Staatsordnung störe. Später habe ich Crassus selber einmal erklären hören, jene schwere Beleidigung sei ihm von Cicero angetan worden.

49 Übrigens konnten um dieselbe Zeit Quintus Catulus und Gaius Piso weder [durch Bitten noch] durch Geld noch durch ihren persönlichen Einfluß Cicero dazu bringen, daß durch die Allobroger oder sonst einen Denunzianten Gaius Caesar fälschlich belastet worden wäre. Beide lebten nämlich mit Caesar in grimmiger Feindschaft: Piso, weil er von ihm in einem Schadenersatzprozeß wegen widerrechtlicher Aburteilung eines Transpadaners angegriffen worden war, Catulus, seit seiner Bewerbung um das Amt des Oberpriesters von glühendem Haß gegen ihn erfüllt, weil er trotz seines hohen Alters nach Verwaltung höchster Ehrenämter von dem noch jungen Caesar aus dem Feld geschlagen worden war. Die Sache schien aber erfolgversprechend, weil Caesar als Privatmann durch außergewöhnliche Geldgeschenke und als Beamter durch sehr aufwendige Festspiele große Schulden gemacht hatte. Als sie jedoch den Konsul nicht zu einem solchen Schurkenstück verleiten konnten, gingen sie bei einzelnen Senatoren herum und logen ihnen allerlei vor, was sie angeblich von Volturcius oder den Allobrogern gehört haben wollten. Dadurch hatten sie große Empörung gegen ihn hervorgerufen, und zwar in solchem Maße, daß einige römische Ritter, die bewaffnet zur Absicherung um den

telis erant circum aedem Concordiae, seu periculi magnitudine seu animi mobilitate inpulsi, quo studium suom in rem publicam clarius esset, egredienti ex senatu Caesari gladio minitarentur.

50 Dum haec in senatu aguntur et dum legatis Allobrogum et T. Volturcio, conprobato eorum indicio, praemia decernuntur, liberti et pauci ex clientibus Lentuli divorsis itineribus opifices atque servitia in vicis ad eum eripiundum sollicitabant, partim exquirebant duces multitudinum, qui pretio rem publicam vexare soliti
2 erant. Cethegus autem per nuntios familiam atque libertos suos, lectos et exercitatos, orabat in audaciam, ut grege facto cum telis ad sese inrumperent.
3 Consul ubi ea parari cognovit, dispositis praesidiis, ut res atque tempus monebat, convocato senatu refert, quid de iis fieri placeat, qui in custodiam traditi erant. sed eos paulo ante frequens senatus iudicaverat contra
4 rem publicam fecisse. tum D. Iunius Silanus primus sententiam rogatus, quod eo tempore consul designatus erat, de iis, qui in custodiis tenebantur, et praeterea de L. Cassio, P. Furio, P. Umbreno, Q. Annio, si deprehensi forent, supplicium sumundum decreverat; isque postea permotus oratione C. Caesaris pedibus in sententiam Tiberi Neronis iturum se dixit, qui de ea re
5 praesidiis abditis referundum censuerat. sed Caesar, ubi ad eum ventum est, rogatus sententiam a consule huiusce modi verba locutus est:

51 "Omnis homines, patres conscripti, qui de rebus dubiis consultant, ab odio amicitia, ira atque misericordia
2 vacuos esse decet. haud facile animus verum providet, ubi illa officiunt, neque quisquam omnium lubidini si-

Concordiatempel aufgestellt waren, von der großen Gefahr oder auch von einem Meinungswechsel getrieben, Caesar beim Verlassen des Senats mit dem Schwert bedrohten, damit ihr Eintreten für die Staatsordnung in hellerem Licht erscheine.

DAS ENDE DER VERSCHWÖRUNG IN ROM

Die Senatsverhandlung über die Bestrafung

50 Während man im Senat über diese Fragen verhandelte und den Gesandten der Allobroger sowie dem Titus Volturcius nach Bestätigung ihrer Aussage Belohnungen zuerkannte, versuchten Freigelassene und einige Klienten des Lentulus auf verschiedenen Wegen in den Wohnvierteln Handwerker und Sklaven aufzuhetzen, ihn doch herauszuhauen, zum Teil suchten sie Bandenführer auf, die gegen Bezahlung berufsmäßig das Gemeinwesen terrorisierten. Cethegus aber rief durch Boten sein Gesinde und seine Freigelassenen, ausgesuchte und geübte Leute, auf, sie sollten sich mutig zusammenrotten und bewaffnet zu ihm durchbrechen.

Sobald der Konsul von diesen Vorbereitungen Kenntnis erhielt, stellte er, wie es Lage und Zeit nahelegten, Sicherungsmannschaften auf, berief den Senat ein und stellte die Anfrage, was mit denen geschehen solle, die in Haft genommen waren. Dabei hatte doch kurz vorher der zahlreich vertretene Senat schon entschieden, sie hätten Hochverrat begangen. Weil Decimus Iunius Silanus zu dieser Zeit bereits zum nächstjährigen Konsul bestimmt war, war er jetzt als erster um seine Meinung befragt worden; er hatte beantragt, an den Inhaftierten, ferner an Lucius Cassius, Publius Furius, Publius Umbrenus und Quintus Annius, wenn sie gefaßt würden, die Todesstrafe zu vollstrecken. Unter dem Eindruck der Rede Gaius Caesars erklärte er jedoch später, er wolle der Meinung Tiberius Neros beitreten; der hatte beantragt, den Fall erst nach Einziehung der Sicherungsmannschaften zu behandeln.

Als die Reihe an Caesar kam und er vom Konsul um seine Meinung befragt wurde, sprach er etwa folgende Worte:

51 »Senatoren! Alle Menschen, die über strittige Fälle beraten, sollten frei sein von Haß und Zuneigung, Zorn und Mitleid. Unser Verstand sieht ja nur schwer das Richtige, wenn ihn solche Gefühle beeinträchtigen, und noch keiner hat einer Leidenschaft nach-

3 mul et usui paruit. ubi intenderis ingenium, valet; si
4 lubido possidet, ea dominatur, animus nihil valet. mag-
na mihi copia est memorandi, patres conscripti, quae
reges atque populi ira aut misericordia inpulsi male con-
suluerint; sed ea malo dicere, quae maiores nostri con-
5 tra lubidinem animi sui recte atque ordine fecere. bello
Macedonico, quod cum rege Perse gessimus, Rhodio-
rum civitas magna atque magnifica, quae populi Romani
opibus creverat, infida et advorsa nobis fuit; sed post-
quam bello confecto de Rhodiis consultum est, maiores
nostri, ne quis divitiarum magis quam iniuriae causa
6 bellum inceptum diceret, inpunitos eos dimisere. item
bellis Punicis omnibus, quom saepe Carthaginienses et
in pace et per indutias multa nefaria facinora fecissent,
numquam ipsi per occasionem talia fecere; magis, quid
se dignum foret, quam quid in illos iure fieri posset,
7 quaerebant. hoc item vobis providendum est, patres
conscripti, ne plus apud vos valeat P. Lentuli et cetero-
rum scelus quam vostra dignitas, neu magis irae vostrae
8 quam famae consulatis. nam si digna poena pro factis
eorum reperitur, novom consilium adprobo; sin magni-
tudo sceleris omnium ingenia exuperat, his utendum
censeo, quae legibus conparata sunt.

9 Plerique eorum, qui ante me sententias dixerunt,
conposite atque magnifice casum rei publicae miserati
sunt. quae belli saevitia esset, quae victis adciderent,
enumeravere: rapi virgines, pueros, divelli liberos a pa-
rentum conplexu; matres familiarum pati, quae victori-
bus conlubuissent; fana atque domos spoliari; caedem
incendia fieri; postremo armis, cadaveribus, cruore at-
10 que luctu omnia conpleri. sed, per deos inmortalis, quo
illa oratio pertinuit? an uti vos infestos coniurationi fa-
ceret? scilicet, quem res tanta et tam atrox non permo-

geben und zugleich seinem Vorteil dienen können. Wenn man seinen Verstand anstrengt, vermag er etwas; wenn einen aber die Leidenschaft besitzt, dann herrscht eben sie, und die Vernunft vermag nichts. Ich hätte reichen Stoff, Senatoren, zu berichten, wie Könige und Völker sich vom Zorn oder Mitleid treiben ließen und dabei schlecht beraten waren. Ich will aber lieber davon sprechen, wie unsere Vorfahren gegen die Regungen ihrer Leidenschaft recht und korrekt gehandelt haben. Im Makedonischen Krieg, den wir gegen König Perseus führten, hat sich die große, bedeutende Stadt Rhodos, die durch die Hilfe des römischen Volkes hochgekommen war, uns gegenüber treulos und feindselig verhalten. Als jedoch nach Beendigung des Krieges über die Rhodier beraten wurde, ließen unsere Vorfahren sie straflos davonkommen, damit ja niemand sagen könne, der Krieg sei mehr wegen ihres Reichtums als wegen einer Rechtsverletzung begonnen worden. Ebenso war es in allen Punischen Kriegen: Obwohl die Karthager im Frieden und bei Waffenruhe oft zahlreiche Greueltaten verübt hatten, haben unsere Vorfahren bei gebotenen Gelegenheiten doch niemals solche Dinge getan; sie fragten mehr danach, was ihrer würdig sei, als was gegen jene vom Rechtsstandpunkt aus unternommen werden könne. Ebenso, Senatoren, müßt auch ihr darauf sehen, daß das Verbrechen des Publius Lentulus und der übrigen bei euch nicht mehr Gewicht bekommt als eure Würde und daß ihr eurem Zorn nicht stärkere Beachtung zollt als eurem Ruf. Wenn sich denn für ihre Taten eine wirklich angemessene Strafe finden läßt, so stimme ich einer außergewöhnlichen Maßnahme zu; wenn aber die Schwere ihres Verbrechens die Vorstellungen aller übersteigt, so beantrage ich, die Strafen anzuwenden, die in den Gesetzen vorgesehen sind.

Die meisten von denen, die vor mir ihre Meinung aussprachen, haben mit wohlgesetzten, prächtigen Worten über das Unglück des Staates gejammert. Sie haben aufgezählt, wie schlimm ein Krieg wüte, was den Besiegten zustoße: da würden Mädchen und Knaben verschleppt, Kinder aus den Armen ihrer Eltern gerissen, Mütter von Familien müßten sich alle Gelüste der Sieger gefallen lassen, Heiligtümer und Häuser würden geplündert, es geschehe Mord und Brand, kurz, alles sei voll von Waffen, Leichen, Blut und Trauer. Doch, bei den ewigen Göttern, worauf war ihr Reden denn abgestellt? Sollte es euch etwa zu Feinden der Verschwörung machen? Klar, wen ein so schwerwiegender und so entsetzlicher

11 vit, eum oratio adcendet. non ita est, neque quoiquam
mortalium iniuriae suae parvae videntur, multi eas gra-
12 vius aequo habuere. sed alia aliis licentia est, patres
conscripti. qui demissi in obscuro vitam habent, si quid
iracundia deliquere, pauci sciunt, fama atque fortuna
eorum pares sunt; qui magno imperio praediti in excelso
13 aetatem agunt, eorum facta cuncti mortales novere: ita
in maxuma fortuna minuma licentia est. neque studere
14 neque odisse, sed minume irasci decet; quae apud alios
iracundia dicitur, ea in imperio superbia atque crudeli-
15 tas appellatur. equidem ego sic existumo, patres con-
scripti, omnis cruciatus minores quam facinora illorum
esse. sed plerique mortales postrema meminere et in
hominibus inpiis sceleris eorum obliti de poena disse-
runt, si ea paulo severior fuit.

16 D. Silanum, virum fortem atque strenuom, certo
scio, quae dixerit, studio rei publicae dixisse, neque il-
lum in tanta re gratiam aut inimicitias exercere: eos
17 mores eamque modestiam viri cognovi. verum sententia
eius mihi non crudelis – quid enim in talis homines cru-
dele fieri potest? – sed aliena a re publica nostra vide-
18 tur. nam profecto aut metus aut iniuria te subegit, Sila-
ne, consulem designatum, genus poenae novom decer-
19 nere. de timore supervacuaneum est disserere, quom
praesertim diligentia clarissumi viri consulis tanta prae-
20 sidia sint in armis. de poena possum equidem dicere, id
quod res habet, in luctu atque miseriis mortem aerum-
narum requiem, non cruciatum esse; eam cuncta morta-
lium mala dissolvere; ultra neque curae neque gaudio
21 locum esse. sed, per deos inmortalis, quam ob rem in
sententiam non addidisti, ut prius verberibus in eos
22 animadvorteretur? an quia lex Porcia vetat? at aliae le-
ges item condemnatis civibus non animam eripi, sed
23 exilium permitti iubent. an quia gravius est verberari

Tatbestand nicht erschüttern konnte, den wird eine Rede in Feuer bringen! Nein, so ist es nicht; kein Mensch sieht ein Unrecht gegen die eigene Person als gering an, viele nehmen es schwerer als recht und billig. Freilich, Senatoren, es kommt nicht jedem dieselbe Freiheit zu. Wenn Leute, die ihr Leben bei bescheidener Stellung im verborgenen hinbringen, aus Jähzorn gefehlt haben, dann wissen es nur wenige; was man über sie sagt und was sie sind, ist gleich unbedeutend. Die aber, die mit großer Machtfülle ausgestattet, ein Leben in hoher Stellung führen, deren Handlungen kennen alle Menschen. So liegt in der höchsten Lebensstellung die geringste Freiheit; da darf man weder Zuneigung noch Haß hegen, am wenigsten aber Zorn. Was bei anderen Jähzorn genannt wird, das heißt bei Regierenden Überheblichkeit und Grausamkeit. Ich persönlich, Senatoren, vertrete die Meinung, daß alle Martern zu gering sind für die Untaten dieser Leute. Aber die meisten Menschen denken nur an das zuletzt Geschehene, sie vergessen bei Frevlern das Verbrechen und reden nur von der Strafe, wenn sie ein wenig zu streng ausfiel.

Decimus Silanus, der mutige, entschlossene Mann, hat, wie ich genau weiß, das, was er sagte, nur aus Eifer für den Staat gesagt; er läßt in einer so wichtigen Sache auch nicht Gunst oder Feindschaft walten; in dieser Beziehung kenne ich seine charaktervolle und besonnene Haltung. Freilich, sein Antrag scheint mir nicht etwa grausam – was könnte denn solchen Menschen Grausames angetan werden? –, wohl aber mit unserer Staatsverfassung nicht vereinbar. Denn gewiß hat nur deine Befürchtung oder ihr Unrecht dich, Silanus, den nächstjährigen Konsul, veranlaßt, eine neue Strafe vorzuschlagen. Bezüglich der Furcht etwas zu sagen, ist überflüssig, da ja dank der Umsicht eines hochberühmten Mannes, unseres Konsuls, so viele Sicherungstruppen unter Waffen stehen. Bezüglich der Strafe aber kann ich persönlich nur sagen, wie es damit wirklich steht, daß in Leid und Elend der Tod ein Ausruhen von den Mühsalen, keine Qual ist, daß er alle Plage der Menschen löst, daß drüben weder für Sorge noch für Freude Raum ist. Aber, bei den ewigen Göttern, weshalb hast du zu deinem Antrag nicht den Zusatz gemacht, man solle sie zuvor noch mit Auspeitschung maßregeln? Etwa weil es das Porcische Gesetz verbietet? Allein, andere Gesetze bestimmen ebenso, verurteilten Bürgern nicht das Leben zu nehmen, sondern ihnen die Verbannung zu gestatten. Oder deshalb, weil Auspeitschung schlimmer ist als Hin-

quam necari? quid autem acerbum aut nimis grave est in
24 homines tanti facinoris convictos? sin quia levius est,
qui convenit in minore negotio legem timere, quom eam
in maiore neglexeris?

25 At enim quis reprehendet, quod in parricidas rei pu-
blicae decretum erit? tempus dies fortuna, quoius lubi-
26 do gentibus moderatur. illis merito adcidet, quicquid
evenerit; ceterum vos, patres conscripti, quid in alios
27 statuatis, considerate. omnia mala exempla ex rebus bo-
nis orta sunt. sed ubi imperium ad ignaros eius aut mi-
nus bonos pervenit, novom illud exemplum ab dignis et
idoneis ad indignos et non idoneos transfertur.
28 Lacedaemonii devictis Atheniensibus triginta viros in-
29 posuere, qui rem publicam eorum tractarent. ii primo
coepere pessumum quemque et omnibus invisum in-
demnatum necare: ea populus laetari et merito dicere
30 fieri. post ubi paulatim licentia crevit, iuxta bonos et
31 malos lubidinose interficere, ceteros metu terrere: ita
civitas servitute oppressa stultae laetitiae gravis poenas
32 dedit. nostra memoria victor Sulla quom Damasippum
et alios eius modi, qui malo rei publicae creverant, iugu-
lari iussit, quis non factum eius laudabat? homines sce-
lestos et factiosos, qui seditionibus rem publicam
exagitaverant, merito necatos aiebant. sed ea res mag-
33 nae initium cladis fuit. nam uti quisque domum aut
villam, postremo vas aut vestimentum aliquoius concu-
piverat, dabat operam, uti is in proscriptorum numero
34 esset. ita illi, quibus Damasippi mors laetitiae fuerat,
paulo post ipsi trahebantur, neque prius finis iugulandi
35 fuit, quam Sulla omnis suos divitiis explevit. atque ego
haec non in M. Tullio neque his temporibus vereor, sed
36 in magna civitate multa et varia ingenia sunt. potest alio
tempore, alio consule, quoi item exercitus in manu sit,
falsum aliquid pro vero credi. ubi hoc exemplo per sena-

richtung? Doch was kann überhaupt hart oder zu schwer sein gegenüber Menschen, die einer solchen Untat überführt sind? Wenn aber deshalb, weil Auspeitschung zu mild ist, wie paßt es dann zusammen, in einer untergeordneten Frage das Gesetz zu befolgen, während man es in einer übergeordneten mißachtet?

Aber wer wird denn tadeln, was gegen Hochverräter unseres Staates beschlossen wurde? Die Verhältnisse, die Zeit, das Schicksal, dessen Laune die Völker beherrscht: Was denen auch geschieht, es wird sie zu Recht treffen. Aber, Senatoren, bedenkt doch, welchen Präzedenzfall ihr damit gegen andere schafft! Alle schlechten Verfahrensarten sind einmal aus guten Ansätzen hervorgegangen. Sobald jedoch die Macht an Leute kommt, die sich darauf nicht verstehen oder weniger taugen, dann wird jene neue Verfahrensweise von Schuldigen, bei denen sie angebracht ist, auch auf Unschuldige übertragen, bei denen sie nicht angebracht ist. Die Lakedaimonier haben nach ihrem Sieg über die Athener dreißig Männer eingesetzt, die deren Staat verwalten sollten. Diese fingen zuerst damit an, die Schlechtesten und allgemein Verhaßten ohne Urteilsspruch hinrichten zu lassen; darüber freute sich das Volk und sagte, es geschehe zu Recht. Später aber, als ihre Willkür allmählich zunahm, brachten sie nach Belieben Gute und Schlechte gleichermaßen um, die übrigen schüchterten sie durch Terror ein. So mußte das geknechtete, unterdrückte Volk für seine törichte Freude schwer büßen. Als in unserer Zeit der siegreiche Sulla den Damasippus und andere seines Schlages, die im Unglück des Staates nach oben gekommen waren, hinschlachten ließ, wer lobte da nicht sein Vorgehen? Verbrecher und Fanatiker, die den Staat durch Spaltungen aufgewühlt hatten, sagte man, seien zu Recht getötet worden. Doch war das nur der Anfang einer großen Metzelei. Denn sobald einer das Haus oder Landgut, schließlich nur Gerät oder Kleidung eines anderen begehrte, trug er Sorge, daß dieser auf die Liste der Geächteten kam. So wurden die Leute, die sich über den Tod des Damasippus gefreut hatten, bald darauf selbst zum Blutgerüst geschleppt, und das Hinrichten nahm erst ein Ende, als Sulla alle seine Anhänger mit Reichtümern eingedeckt hatte. Freilich befürchte ich so etwas nicht bei einem Marcus Tullius und auch nicht in unserer Zeit; doch gibt es in einem großen Staatswesen viele verschiedene Charaktere. Es kann zu einer anderen Zeit, unter einem anderen Konsul, der ebenfalls ein Heer in der Hand hat, etwas Falsches für richtig gehalten werden. Wenn

tus decretum consul gladium eduxerit, quis illi finem
statuet aut quis moderabitur?

37 Maiores nostri, patres conscripti, neque consili neque
audaciae umquam eguere; neque illis superbia obstabat,
quo minus aliena instituta, si modo proba erant, imita-
38 rentur. arma atque tela militaria ab Samnitibus, insignia
magistratuum ab Tuscis pleraque sumpserunt; postre-
mo, quod ubique apud socios aut hostis idoneum vide-
batur, cum summo studio domi exequebantur: imitari
39 quam invidere bonis malebant. sed eodem illo tempore
Graeciae morem imitati verberibus animadvortebant in
civis, de condemnatis summum supplicium sumebant.
40 postquam res publica adolevit et multitudine civium fac-
tiones valuere, circumveniri innocentes, alia huiusce
modi fieri coepere, tum lex Porcia aliaeque leges para-
tae sunt, quibus legibus exilium damnatis permissum
41 est. ego hanc causam, patres conscripti, quo minus no-
42 vom consilium capiamus, in primis magnam puto. pro-
fecto virtus atque sapientia maior illis fuit, qui ex parvis
opibus tantum imperium fecere, quam in nobis, qui ea
bene parta vix retinemus.
43 Placet igitur eos dimitti et augeri exercitum Catili-
nae? minume. sed ita censeo: publicandas eorum pecu-
nias, ipsos in vinculis habendos per municipia, quae ma-
xume opibus valent; neu quis de iis postea ad senatum
referat neve cum populo agat; qui aliter fecerit, sena-
tum existumare eum contra rem publicam et salutem
omnium facturum."

52 Postquam Caesar dicundi finem fecit, ceteri verbo
alius alii varie adsentiebantur. at M. Porcius Cato roga-
tus sententiam huiusce modi orationem habuit:
2 "Longe alia mihi mens est, patres conscripti, quom
res atque pericula nostra considero et quom sententias
3 nonnullorum ipse mecum reputo. illi mihi disseruisse
videntur de poena eorum, qui patriae parentibus, aris

dann nach der heutigen Verfahrensweise ein Konsul kraft Senatsbeschlusses das Schwert zieht, wer will ihm da eine Grenze setzen und wer ihm Mäßigung gebieten?

Unseren Vorfahren, Senatoren, hat es nie an Einsicht und Mut gefehlt, auch hat Stolz sie nicht daran gehindert, fremde Einrichtungen nachzuahmen, sofern sie nur bewährt waren. Kriegsgerät und Waffen haben sie von den Samniten, die Abzeichen der Beamten zumeist von den Etruskern übernommen; kurz, was ihnen überall bei Bündnern oder Feinden brauchbar erschien, das führten sie mit allem Eifer auch in ihrer Heimat ein; sie wollten Nützliches lieber nachahmen, als darauf neidisch sein. In jener selben Zeit nun haben sie, ein Verfahren Griechenlands nachahmend, freilich auch gegen Mitbürger die Strafe der Auspeitschung angewandt und an Verurteilten die Hinrichtung vollstreckt. Als aber der Staat größer geworden war und wegen der Masse der Bürger Parteiungen zur Geltung kamen, als man anfing, gegen Unschuldige vorzugehen und andere Dinge solcher Art zu verüben, da wurden das Porcische Gesetz und andere Gesetze geschaffen, durch welche den Verurteilten die Verbannung gestattet wurde. Darin, Senatoren, sehe ich vor allem den entscheidenden Grund, ja keine ungewöhnliche Maßnahme zu ergreifen. Es haben jene Männer, die aus bescheidenen Mitteln ein so gewaltiges Reich schufen, doch wirklich mehr Tatkraft und Einsicht besessen als wir, die wir das Wohlerworbene kaum noch festhalten können.

Beschließen wir also, diese Leute freizulassen und damit Catilinas Heer zu verstärken? Keineswegs! Vielmehr stelle ich folgenden Antrag: Ihr Vermögen ist einzuziehen, sie selbst sind in Haft zu halten, und zwar in Landstädten, die durch ihre Mittel am ehesten dazu imstande sind; auch soll später niemand ihren Fall dem Senat vorlegen und auch nicht vor das Volk bringen; wer zuwiderhandelt, den solle der Senat als Feind des Staats und des Allgemeinwohls betrachten.«

52 Als Caesar aufgehört hatte zu sprechen, stimmten die übrigen Redner mit einer Äußerung dem einen oder anderen in verschiedener Weise bei. Marcus Porcius Cato aber hielt, um seine Meinung befragt, etwa folgende Rede:

»Ganz anderer Auffassung bin ich, Senatoren, wenn ich unsere bedrohte Lage bedenke und wenn ich bei mir selber die Anträge einiger Vorredner erwäge. Die haben, scheint mir, Erörterungen angestellt über die Bestrafung von Leuten, die gegen Vaterland

atque focis suis bellum paravere; res autem monet cave-
re ab illis magis quam, quid in illos statuamus, consulta-
4 re. nam cetera maleficia tum persequare, ubi facta sunt;
hoc, nisi provideris, ne adcidat, ubi evenit, frustra iudi-
5 cia inplores: capta urbe nihil fit reliqui victis. sed, per
deos inmortalis, vos ego appello, qui semper domos vil-
las signa tabulas vostras pluris quam rem publicam fecis-
tis: si ista, quoiuscumque modi sunt, quae amplexamini,
retinere, si voluptatibus vostris otium praebere voltis,
expergiscimini aliquando et capessite rem publicam.
6 non agitur de vectigalibus neque de sociorum iniuriis:
libertas et anima nostra in dubio est.

7 Saepenumero, patres conscripti, multa verba in hoc
ordine feci, saepe de luxuria atque avaritia nostrorum
civium questus sum multosque mortalis ea causa advor-
8 sos habeo; qui mihi atque animo meo nullius umquam
delicti gratiam fecissem, haud facile alterius lubidini
9 male facta condonabam. sed ea tametsi vos parvi pen-
debatis, tamen res publica firma erat, opulentia negle-
10 gentiam tolerabat. nunc vero non id agitur, bonisne an
malis moribus vivamus, neque, quantum aut quam mag-
nificum imperium populi Romani sit, sed haec, quoius-
cumque modi videntur, nostra an nobiscum una hos-
11 tium futura sint. hic mihi quisquam mansuetudinem et
misericordiam nominat. iam pridem equidem nos vera
vocabula rerum amisimus: quia bona aliena largiri libe-
ralitas, malarum rerum audacia fortitudo vocatur, eo
12 res publica in extremo sita est. sint sane, quoniam ita se
mores habent, liberales ex sociorum fortunis, sint mise-
ricordes in furibus aerari: ne illi sanguinem nostrum lar-
giantur et, dum paucis sceleratis parcunt, bonos omnis
perditum eant.
13 Bene et conposite C. Caesar paulo ante in hoc ordine
de vita et morte disseruit, credo falsa existumans ea,

und Eltern, gegen Altar und Herd im eigenen Haus den Krieg vorbereitet haben. Die wirkliche Lage aber mahnt uns doch, uns eher vor ihnen abzusichern als darüber zu beraten, was wir gegen sie festsetzen sollen. Denn alle anderen Straftaten mag man dann ahnden, wenn sie verübt sind; verhütet man bei dieser aber nicht, daß sie überhaupt vorkommt, dürfte man, sobald sie einmal geschehen ist, die Gerichte vergebens anrufen; ist die Stadt eingenommen, dann bleibt den Besiegten nichts mehr übrig. Indes, bei den ewigen Göttern, mein Aufruf geht an euch, die ihr schon immer eure Häuser, Landsitze, Plastiken und Gemälde höher bewertet habt als den Staat. Wenn ihr die Dinge, von welcher Art sie auch sein mögen, an die ihr euch klammert, behalten, wenn ihr für eure Vergnügungen eure Ruhe haben wollt, dann wacht endlich einmal auf und nehmt Anteil am Staatswesen! Es geht jetzt nicht um Besteuerungsfragen und nicht um Rechtsverletzungen gegenüber Bundesgenossen: unser Leben in Freiheit steht auf dem Spiel.

Oftmals schon, Senatoren, habe ich in dieser Versammlung so manches Wort gesprochen, oft habe ich geklagt über die Genußsucht und Raffgier unserer Mitbürger, und viele Menschen habe ich deswegen zu Gegnern. Ich, der ich mir und meinen Wünschen niemals eine Verfehlung nachgesehen hätte, konnte auch der Leidenschaft eines anderen schlechte Handlungen nicht leicht vergeben. Obschon ihr darauf nur wenig Gewicht legtet, hatte der Staat doch festen Bestand, seine Machtfülle konnte eure Gleichgültigkeit verkraften. Jetzt aber geht es nicht darum, ob wir sittlich gut oder schlecht leben, auch nicht um Größe oder Glanz der Herrschaft des römischen Volkes, sondern darum, ob diese Dinge, wie immer man sie auch ansehen mag, uns selber oder mit uns zusammen den Feinden gehören werden. Und da redet mir jemand von Milde und Mitgefühl! Wir haben eben schon längst die rechten Namen für die Dinge verloren; denn fremdes Gut verschenken heißt Freigebigkeit, sich an Schlechtigkeiten heranwagen Tapferkeit; deshalb steht der Staat vor dem Ärgsten. Immerhin, mögen sie, weil es nun einmal so Brauch ist, freigebig sein mit dem Hab und Gut der Bundesgenossen, mögen sie weichherzig sein gegen Diebe öffentlicher Gelder: nur unser Blut sollen sie nicht verschenken und, indem sie ein paar Verbrecher schonen, auf den Untergang aller Gutgesinnten ausgehen.

In guter und wohlgesetzter Rede hat Gaius Caesar eben vorhin in dieser Versammlung eine Erörterung über Leben und Tod ge-

quae de inferis memorantur: divorso itinere malos a
bonis loca taetra inculta foeda atque formidulosa habe-
14 re. itaque censuit pecunias eorum publicandas, ipsos
per municipia in custodiis habendos, videlicet timens,
ne, si Romae sint, aut a popularibus coniurationis aut a
15 multitudine conducta per vim eripiantur; quasi vero ma-
li atque scelesti tantummodo in urbe et non per totam
Italiam sint, aut non ibi plus possit audacia, ubi ad de-
16 fendundum opes minores sunt. quare vanum equidem
hoc consilium est, si periculum ex illis metuit; si in tanto
omnium metu solus non timet, eo magis refert me mihi
17 atque vobis timere. quare quom de P. Lentulo ceteris-
que statuetis, pro certo habetote vos simul de exercitu
18 Catilinae et de omnibus coniuratis decernere. quanto
vos adtentius ea agetis, tanto illis animus infirmior erit;
si paulum modo vos languere viderint, iam omnes fero-
ces aderunt.

19 Nolite existumare maiores nostros armis rem publi-
20 cam ex parva magnam fecisse. si ita esset, multo pul-
cherrumam eam nos haberemus; quippe sociorum atque
civium, praeterea armorum atque equorum maior copia
21 nobis quam illis est. sed alia fuere, quae illos magnos
fecere, quae nobis nulla sunt: domi industria, foris ius-
tum imperium, animus in consulundo liber, neque delic-
22 to neque lubidini obnoxius. pro his nos habemus luxu-
riam atque avaritiam, publice egestatem, privatim opu-
lentiam; laudamus divitias, sequimur inertiam; inter bo-
nos et malos discrimen nullum, omnia virtutis praemia
23 ambitio possidet. neque mirum: ubi vos separatim sibi
quisque consilium capitis, ubi domi voluptatibus, hic
pecuniae aut gratiae servitis, eo fit, ut impetus fiat in
vacuam rem publicam.

24 Sed ego haec omitto. coniuravere nobilissumi cives
patriam incendere, Gallorum gentem infestissumam no-
mini Romano ad bellum arcessunt, dux hostium cum

boten; vermutlich hält er das für einen Schwindel, was man von der Unterwelt berichtet: daß die Bösen da abgeschieden von den Guten ihre abscheulichen, verwahrlosten, gräßlichen, grauenvollen Stätten bewohnen. Daher hat er beantragt, ihr Vermögen sei einzuziehen, sie selbst in Landstädten in Haft zu halten, offensichtlich aus Besorgnis, sie könnten, falls sie in Rom blieben, von den Anhängern der Verschwörung oder von einer angeworbenen Bande gewaltsam herausgehauen werden; als ob es Bösewichte und Verbrecher nur in der Hauptstadt und nicht in ganz Italien gäbe oder als ob Verwegenheit nicht dort mehr vermöchte, wo die Mittel zur Gegenwehr geringer sind. Deshalb ist dieser sein Vorschlag gewiß zwecklos, wenn er Gefahr von ihnen befürchtet; wenn er aber bei der großen allgemeinen Furcht als einziger unbesorgt ist, dann ist es um so wichtiger, daß ich für mich und für euch besorgt bin. Deshalb sollt ihr euch im klaren sein, daß ihr mit eurem Beschluß über Publius Lentulus und die andern zugleich auch über Catilinas Heer und über alle Verschwörer entscheidet. Je entschlossener ihr dabei handelt, um so schwächer wird ihr Mut sein. Wenn sie euch nur ein wenig nachgiebig sehen, dann werden alsbald die Radikalen alle zur Stelle sein.

Denkt nicht, unsere Vorfahren hätten ihren kleinen Staat nur mit Waffen groß gemacht! Wenn es so wäre, dann müßten wir ihn im allerschönsten Zustand haben; besitzen wird doch eine größere Zahl von Bündnern und Bürgern und auch von Waffen und Pferden als sie. Nein, es sind andere Kräfte gewesen, die sie groß gemacht haben, die uns völlig fehlen: in der Heimat Strebsamkeit, auswärts gerechte Herrschaft, bei Beratungen ein freies Denken, nicht verstrickt in Schuld und Leidenschaft. Statt dessen haben wir Genußsucht und Raffgier, im Gemeinwesen Armut, im Privatbereich Wohlstand. Wir loben den Reichtum, ergeben uns aber dem Nichtstun, zwischen Guten und Schlechten gibt es keinen Unterschied, allen Lohn für Tüchtigkeit kassiert der Ehrgeiz ein. Kein Wunder: wenn ihr, jeder für seine Sonderinteressen, Beschlüsse faßt, wenn ihr zu Hause nur euren Genüssen und hier im Senat dem Geld oder dem Prestige dient, kann es geschehen, daß ein Angriff erfolgt auf unser erledigtes Staatswesen.

Doch will ich das beiseite lassen. Es haben sich Bürger aus den höchsten Schichten verschworen, unsere Vaterstadt in Brand zu stecken, sie holen den Volksstamm der Gallier, den gefährlichsten Gegner des Römertums, zum Krieg herbei, der Anführer der Fein-

25 exercitu supra caput est; vos cunctamini etiam nunc et
dubitatis, quid intra moenia deprensis hostibus faciatis?
26 misereamini censeo – deliquere homines adulescentuli
27 per ambitionem – atque etiam armatos dimittatis: ne
ista vobis mansuetudo et misericordia, si illi arma cepe-
28 rint, in miseriam convortat. scilicet res ipsa aspera est,
sed vos non timetis eam. immo vero maxume; sed iner-
tia et mollitia animi alius alium expectantes cunctamini,
videlicet dis inmortalibus confisi, qui hanc rem publi-
29 cam saepe in maxumis periculis servavere. non votis
neque suppliciis muliebribus auxilia deorum parantur;
vigilando agundo bene consulundo prospere omnia ce-
dunt. ubi socordiae te atque ignaviae tradideris, nequi-
30 quam deos inplores: irati infestique sunt. apud maiores
nostros A. Manlius Torquatus bello Gallico filium
suom, quod is contra imperium in hostem pugnaverat,
31 necari iussit, atque ille egregius adulescens inmoderatae
fortitudinis morte poenas dedit; vos, de crudelissumis
parricidis quid statuatis, cunctamini? videlicet cetera vi-
32 ta eorum huic sceleri obstat. verum parcite dignitati
Lentuli, si ipse pudicitiae, si famae suae, si dis aut homi-
nibus umquam ullis pepercit. ignoscite Cethegi adules-
33 centiae, nisi iterum patriae bellum fecit. nam quid ego
34 de Gabinio, Statilio, Caepario loquar? quibus si quic-
quam umquam pensi fuisset, non ea consilia de re publi-
35 ca habuissent. postremo, patres conscripti, si mehercule
peccato locus esset, facile paterer vos ipsa re corrigi,
quoniam verba contemnitis. sed undique circumventi
sumus: Catilina cum exercitu faucibus urget, alii intra
moenia atque in sinu urbis sunt hostes; neque parari
neque consuli quicquam potest occulte: quo magis pro-
perandum est.

de sitzt uns mit einem Heere im Nacken. Da zögert ihr auch jetzt noch und zweifelt, was ihr mit Feinden machen sollt, die innerhalb unserer Mauern gefaßt wurden? Ihr sollt Mitleid haben, beantrage ich, – es sind ja junge Burschen nur aus Ehrgeiz vom rechten Wege abgekommen – und sie sogar mit ihren Waffen ziehen lassen! Daß nur nicht diese Milde und dieses Mitleid bei euch in Leid umschlage, wenn jene zu den Waffen greifen! Gewiß, unsere Lage an sich ist ernst, aber ihr habt ja keine Angst vor ihr. O doch, ihr habt die größte, aber aus Trägheit und innerer Schwäche wartet ihr, einer auf den anderen, und zögert, offenbar im Vertrauen auf die ewigen Götter, die diesen unseren Staat schon oft in größter Gefahr gerettet haben. Doch nicht durch Gelübde und weibische Bittgebete gewinnt man den Beistand der Götter; durch Wachsamkeit, Handeln und reifliches Überlegen nimmt alles einen günstigen Verlauf. Wo man sich der Gleichgültigkeit und Schlaffheit überläßt, ist es sinnlos, die Götter anzuflehen: sie sind da zornig und feindselig. Bei unseren Vorfahren ließ Aulus Manlius Torquatus im Krieg gegen die Gallier seinen eigenen Sohn hinrichten, weil dieser befehlswidrig mit dem Feind gekämpft hatte, und dieser prächtige junge Mensch mußte seine unbeherrschte Tapferkeit mit dem Tode büßen. Und ihr seid zögerlich, was ihr über die grausamsten Mörder beschließen sollt? Verständlich, ihr sonstiger Lebenswandel verträgt sich nicht mit diesem Verbrechen. Ja, nehmt nur Rücksicht auf den Rang eines Lentulus, wenn der selber auf seine Ehrbarkeit, wenn der auf seinen Ruf, wenn der auf Götter oder irgendwelche Menschen jemals Rücksicht nahm! Seid nachsichtig mit der Jugend eines Cethegus, wenn er nicht bereits zum zweitenmal gegen sein Vaterland einen Krieg begonnen hat! Was soll ich denn noch von einem Gabinius, Statilius, Caeparius reden? Wenn für diese jemals irgend etwas Gewicht gehabt hätte, dann hätten sie keine solchen Pläne gegen den Staat haben können. Letztlich aber, Senatoren, wenn, bei Gott, noch Raum für eine Fehlentscheidung wäre, so würde ich es leicht hinnehmen, daß ihr durch die Geschehnisse selbst eines Besseren belehrt würdet, weil ihr ja Worte nicht beachtet. Wir sind jedoch von allen Seiten bedroht: Catilina faßt uns mit seinem Heer an der Kehle, andere Feinde stehen innerhalb der Mauern und im Herzen der Stadt; keine Vorkehrungen und keine Planungen können im geheimen erfolgen; um so mehr ist Eile geboten.

36 Quare ego ita censeo: quom nefario consilio scelera-
torum civium res publica in maxuma pericula venerit
iique indicio T. Volturci et legatorum Allobrogum con-
victi confessique sint caedem, incendia aliaque se foeda
atque crudelia facinora in civis patriamque paravisse, de
confessis, sicuti de manufestis rerum capitalium, more
maiorum supplicium sumundum."

53 Postquam Cato adsedit, consulares omnes itemque
senatus magna pars sententiam eius laudant, virtutem
animi ad caelum ferunt, alii alios increpantes timidos
vocant. Cato clarus atque magnus habetur; senati decre-
tum fit, sicuti ille censuerat.

2 Sed mihi multa legenti, multa audienti, quae populus
Romanus domi militiaeque, mari atque terra praeclara
facinora fecit, forte lubuit adtendere, quae res maxume
3 tanta negotia sustinuisset. sciebam saepenumero parva
manu cum magnis legionibus hostium contendisse; co-
gnoveram parvis copiis bella gesta cum opulentis regi-
bus, ad hoc saepe fortunae violentiam toleravisse, fa-
cundia Graecos, gloria belli Gallos ante Romanos fuis-
4 se. ac mihi multa agitanti constabat paucorum civium
egregiam virtutem cuncta patravisse, eoque factum, uti
5 divitias paupertas, multitudinem paucitas superaret. sed
postquam luxu atque desidia civitas conrupta est, rursus
res publica magnitudine sua imperatorum atque magis-
tratuum vitia sustentabat ac, sicuti effeta parentum ⟨vi⟩,
multis tempestatibus haud sane quisquam Romae virtu-
6 te magnus fuit. sed memoria mea ingenti virtute, divor-
sis moribus fuere viri duo, M. Cato et C. Caesar. quos
quoniam res obtulerat, silentio praeterire non fuit consi-
lium, quin utriusque naturam et mores, quantum inge-
nio possum, aperirem.

Deshalb stelle ich folgenden Antrag: Da durch einen frevelhaften Plan verbrecherischer Bürger der Staat in größte Gefahr gekommen ist und diese durch die Aussage des Titus Volturcius und der Gesandten der Allobroger überführt wurden und geständig sind, Mord, Brand und andere abscheuliche und grausame Verbrechen gegen Mitbürger und Vaterland vorbereitet zu haben, so ist an den Geständigen, gleich ertappten Schwerverbrechern, nach dem Brauch der Vorfahren die Todesstrafe zu vollstrecken.«

53 Nachdem Cato wieder Platz genommen hat, spenden alle ehemaligen Konsuln sowie ein großer Teil des Senats seinem Antrag Beifall und erheben seine mannhafte Haltung bis zum Himmel, andere schimpfen auf die andern ein und heißen sie Feiglinge. Cato gilt als der gefeierte, große Mann; der Senatsbeschluß wird so gefaßt, wie er beantragt hatte.

Caesar und Cato

Da ich viel las, viel hörte von den glänzenden Taten des römischen Volkes im Frieden und Krieg, zu Wasser und zu Land, reizte es mich unwillkürlich, zu überdenken, welche Eigenschaften denn hauptsächlich so große Leistungen bewirkt haben. Ich wußte, daß es oftmals mit einer kleinen Schar gegen große feindliche Heere gefochten hat; mir war bekannt, daß es mit geringen Kräften Kriege gegen mächtige Könige geführt, ferner oft die Gewalt des Schicksals ausgehalten hat, daß in der Redegabe die Griechen, im Kriegsruhm die Gallier den Römern vorausgewesen sind. Und nach langer Erwägung stand es für mich fest, daß die außergewöhnliche Tüchtigkeit einiger weniger Bürger das alles vollbracht hat und daß deshalb die Armut dem Reichtum, die kleine Zahl der großen Masse überlegen war. Als aber das Volk durch Ausschweifung und Müßiggang verdorben war, da wiederum hielt der Staat mit seiner Größe die Fehler der Heerführer und Beamten aus, und als ob die Kraft der Eltern erschöpft sei, gab es während langer Zeit in Rom wohl niemand, der durch seine Tüchtigkeit ein großer Mann gewesen wäre. Zu meiner Zeit freilich lebten zwei Männer von außerordentlicher Tüchtigkeit, doch verschiedener Wesensart: Marcus Cato und Gaius Caesar. Da mich mein Stoff auf sie gebracht hat, ist es nicht meine Absicht, über sie mit Schweigen hinwegzugehen, ohne eines jeden Wesen und Charakter zu erschließen, soweit ich es mit meiner Einsicht vermag.

54 Igitur iis genus aetas eloquentia prope aequalia fuere,
2 magnitudo animi par, item gloria, sed alia alii: Caesar
beneficiis ac munificentia magnus habebatur, integritate
vitae Cato. ille mansuetudine et misericordia clarus fac-
3 tus, huic severitas dignitatem addiderat. Caesar dando
sublevando ignoscundo, Cato nihil largiundo gloriam
adeptus est. in altero miseris perfugium erat, in altero
malis pernicies. illius facilitas, huius constantia laudaba-
4 tur. postremo Caesar in animum induxerat laborare,
vigilare, negotiis amicorum intentus sua neglegere, nihil
denegare, quod dono dignum esset; sibi magnum impe-
rium exercitum bellum novom exoptabat, ubi virtus eni-
5 tescere posset. at Catoni studium modestiae, decoris,
6 sed maxume severitatis erat; non divitiis cum divite ne-
que factione cum factioso, sed cum strenuo virtute, cum
modesto pudore, cum innocente abstinentia certabat;
esse quam videri bonus malebat: ita, quo minus petebat
gloriam, eo magis illum adsequebatur.

55 Postquam, ut dixi, senatus in Catonis sententiam dis-
cessit, consul optumum factu ratus noctem, quae insta-
bat, antecapere, ne quid eo spatio novaretur, tresviros,
2 quae [ad] supplicium postulabat, parare iubet. ipse
praesidiis dispositis Lentulum in carcerem deducit;
3 idem fit ceteris per praetores. est in carcere locus, quod
Tullianum appellatur, ubi paululum ascenderis ad lae-
4 vam, circiter duodecim pedes humi depressus; eum mu-
niunt undique parietes atque insuper camera lapideis
fornicibus iuncta; sed incultu tenebris odore foeda at-
5 que terribilis eius facies est. in eum locum postquam
demissus est Lentulus, vindices rerum capitalium, qui-

54 Bei ihnen also waren Adel, Alter und Beredsamkeit beinahe gleich, ihre Seelengröße war dieselbe, ebenso ihre Berühmtheit, freilich bei jedem in anderer Weise. Caesar galt wegen seiner Wohltaten und Freigebigkeit als groß, wegen der Lauterkeit seines Lebenswandels Cato. Jener war durch Milde und Mitgefühl bekannt geworden, diesem hatte seine Strenge Ansehen verschafft. Caesar erlangte Ruhm durch Geben, Unterstützen, Verzeihen, Cato dadurch, daß er keine Spenden gab. Im einen fanden Unglückliche ihre Zuflucht, im andern Schlechte ihr Verderben. An jenem rühmte man die Umgänglichkeit, an diesem die Festigkeit. Caesar schließlich hatte zu seinem Grundsatz gemacht, rastlos tätig zu sein, sich für die Belange der Freunde einzusetzen und die eigenen hintanzustellen, nichts, was ein Geschenk verdiente, zu verweigern; für sich wünschte er große Befehlsgewalt, ein Heer, einen neuen Krieg, wo sich seine Tatkraft glänzend zeigen könne. Catos Streben dagegen war auf Mäßigkeit, Anstand, vor allem aber auf ernste Haltung gerichtet; er wetteiferte nicht mit dem Reichen um Reichtum, mit dem Parteimann um Parteigeltung, sondern mit dem Tüchtigen um Tatkraft, mit dem Beherrschten um Zurückhaltung, mit dem Redlichen um Unbestechlichkeit; er wollte lieber gut sein als gut scheinen. So folgte ihm der Ruhm um so mehr, je weniger er nach ihm strebte.

Aburteilung der Rädelsführer

55 Nachdem der Senat, wie ich sagte, dem Antrag Catos beigetreten war, hielt es der Konsul für das beste, die bevorstehende Nacht nicht abzuwarten, damit in dieser Zeit keine neue Lage geschaffen werde, und befiehlt der Gefängnisbehörde, die zur Hinrichtung erforderlichen Vorbereitungen zu treffen. Er läßt Sicherungsmannschaften aufstellen und führt persönlich Lentulus zum Staatsgefängnis; bei den übrigen geschieht dasselbe durch die Prätoren. Im Gefängnis gibt es, wenn man links ein wenig hinansteigt, einen Raum mit der Bezeichnung Tullianum, etwa zwölf Fuß in den Erdboden eingetieft; ihn sichern auf allen Seiten Mauerwände und oben ein aus steinernen Bögen gefügtes Gewölbe. Sein Aussehen ist durch die Verwahrlosung, Dunkelheit und Stickluft grauenhaft und entsetzlich. In diesen Raum wurde Lentulus hinuntergelassen, und dann erdrosselten ihn die Henker für Kapitalverbre-

6 bus praeceptum erat, laqueo gulam fregere. ita ille pa-
tricius ex gente clarissuma Corneliorum, qui consulare
imperium Romae habuerat, dignum moribus factisque
suis exitium vitae invenit. de Cethego, Statilio, Gabi-
nio, Caepario eodem modo supplicium sumptum est.

56 Dum ea Romae geruntur, Catilina ex omni copia,
quam et ipse adduxerat et Manlius habuerat, duas legio-
2 nes instituit, cohortis pro numero militum conplet. dein-
de, ut quisque voluntarius aut ex sociis in castra vene-
rat, aequaliter distribuerat, ac brevi spatio legiones nu-
mero hominum expleverat, quom initio non amplius
3 duobus milibus habuisset. sed ex omni copia circiter
pars quarta erat militaribus armis instructa; ceteri, ut
quemque casus armaverat, sparos aut lanceas, alii prae-
4 acutas sudis portabant. sed postquam Antonius cum ex-
ercitu adventabat, Catilina per montis iter facere, modo
ad urbem, modo Galliam vorsus castra movere, hosti-
bus occasionem pugnandi non dare; sperabat propedi-
em magnas copias sese habiturum, si Romae socii incep-
5 ta patravissent. interea servitia repudiabat, quoius initio
ad eum magnae copiae concurrebant, opibus con-
iurationis fretus, simul alienum suis rationibus existu-
mans videri causam civium cum servis fugitivis commu-
nicavisse.

57 Sed postquam in castra nuntius pervenit Romae con-
iurationem patefactam, de Lentulo et Cethego ceteris-
que, quos supra memoravi, supplicium sumptum, pleri-
que, quos ad bellum spes rapinarum aut novarum rerum
studium inlexerat, dilabuntur; relicuos Catilina per
montis asperos magnis itineribus in agrum Pistoriensem
abducit eo consilio, uti per tramites occulte perfugeret
2 in Galliam Transalpinam. at Q. Metellus Celer cum tri-

chen ihrem Auftrag gemäß mit dem Strang. So fand dieser Patrizier aus dem hochberühmten Geschlecht der Cornelier, der in Rom das konsularische Amt innegehabt hatte, ein seinem Wandel und Tun entsprechendes Lebensende. An Cethegus, Statilius, Gabinius, Caeparius wurde in derselben Weise die Todesstrafe vollstreckt.

DAS ENDE DER VERSCHWÖRER IN ETRURIEN

56 Während dieser Ereignisse in Rom bildet Catilina aus der gesamten Mannschaft, die er selbst herangeführt und die Manlius schon gehabt hatte, zwei Legionen, die Kohorten füllt er entsprechend der Anzahl der Soldaten auf. Sobald Freiwillige oder Gefolgsleute ins Lager gekommen waren, hatte er sie alle gleichmäßig aufgeteilt und dann in kurzer Zeit seine Legionen auf volle Mannschaftsstärke gebracht, während er anfangs nicht mehr als 2000 Mann gehabt hatte. Von dieser ganzen Truppenmasse war aber nur etwa der vierte Teil mit richtigen Kriegswaffen ausgerüstet; die übrigen trugen, wie der Zufall alle bewaffnet hatte, Jagdspieße oder Bauernspeere, andere gar zugespitzte Pfähle. Als aber Antonius mit seinem Heer anrückte, marschierte Catilina durch die Berge, bewegte sich bald auf die Hauptstadt, bald gegen Gallien zu und gab seinen Gegnern keine Gelegenheit zum Kampf. Er hoffte in den nächsten Tagen bedeutende Streitkräfte zur Verfügung zu haben, wenn die Genossen in Rom ihre Vorhaben verwirklicht hätten. Die Sklaven indessen, die ihm anfangs in großen Scharen zuliefen, wies er zurück, da er sich auf die Kräfte der Verschwörung verließ und es auch für unvereinbar mit seinen Zielen hielt, den Anschein zu erwecken, als habe er die Sache der Bürger mit der entlaufener Sklaven verbunden.

57 Als jedoch im Lager die Nachricht eingetroffen war, in Rom sei die Verschwörung aufgedeckt und an Lentulus, Cethegus und den übrigen, die ich oben genannt habe, die Hinrichtung vollzogen, da verlaufen sich die meisten, die nur die Aussicht auf Beutezüge oder das Streben nach Umsturz in den Krieg gelockt hatte. Den Rest führt Catilina in Eilmärschen über die rauhen Berge ins Gebiet von Pistoriae in der Absicht, auf Nebenwegen unbemerkt nach Gallien jenseits der Alpen zu entkommen. Doch Quintus Metellus Celer stand mit drei Legionen im Gebiet von Picenum in

bus legionibus in agro Piceno praesidebat, ex difficulta-
te rerum eadem illa existumans, quae supra diximus,
3 Catilinam agitare. igitur ubi iter eius ex perfugis cogno-
vit, castra propere movit ac sub ipsis radicibus montium
consedit, qua illi descensus erat in Galliam properanti.
4 neque tamen Antonius procul aberat, utpote qui magno
exercitu locis aequioribus expeditus in fuga sequeretur.
5 sed Catilina postquam videt montibus atque copiis hos-
tium sese clausum, in urbe res advorsas, neque fugae
neque praesidi ullam spem, optumum factu ratus in tali
re fortunam belli temptare, statuit cum Antonio quam
6 primum confligere. itaque contione advocata huiusce
modi orationem habuit:

58 "Conpertum ego habeo, milites, verba virtutem non
addere, neque ex ignavo strenuom neque fortem ex ti-
2 mido exercitum oratione imperatoris fieri. quanta
quoiusque animo audacia natura aut moribus inest, tan-
ta in bello patere solet. quem neque gloria neque peri-
cula excitant, nequiquam hortere: timor animi auribus
3 officit. sed ego vos, quo pauca monerem, advocavi, si-
mul uti causam mei consili aperirem.

4 Scitis equidem, milites, socordia atque ignavia Lentu-
li quantam ipsi nobisque cladem adtulerit, quoque mo-
do, dum ex urbe praesidia opperior, in Galliam proficisi
5 nequiverim. nunc vero quo loco res nostrae sint, iuxta
6 mecum omnes intellegitis. exercitus hostium duo, unus
ab urbe, alter a Gallia obstant; diutius in his locis esse,
si maxume animus ferat, frumenti atque aliarum rerum
7 egestas prohibet; quocumque ire placet, ferro iter ape-
8 riundum est. quapropter vos moneo, uti forti atque pa-
rato animo sitis et, quom proelium inibitis, memineritis
vos divitias decus gloriam, praeterea libertatem atque
9 patriam in dextris vostris portare. si vincimus, omnia
nobis tuta erunt: conmeatus abunde, municipia atque
coloniae patebunt; si metu cesserimus, eadem illa ad-

Bereitschaft; er konnte aus der schwierigen Lage genau die oben erwähnten Absichten Catilinas erschließen. Sobald er daher dessen Marschrichtung von Überläufern erfahren hatte, rückte er beschleunigt vor und bezog Stellung unmittelbar am Fuß der Berge, wo jener herabkommen mußte, wenn er rasch nach Gallien wollte. Doch auch Antonius blieb nicht weit entfernt, da er ja mit seinem großen Heer in ziemlich ebenem Gelände ungehindert auf dem Fluchtweg nachsetzen konnte. Nachdem jedoch Catilina sieht, daß er von den Bergen und den Truppen der Feinde eingeschlossen sei, daß seine Sache in der Hauptstadt mißlich stehe und daß es keine Hoffnung mehr auf Flucht und Hilfe gebe, da hielt er es für das beste, in solcher Lage das Kriegsglück zu versuchen, und beschloß, möglichst bald gegen Antonius den Kampf zu wagen. Er berief deshalb eine Heeresversammlung ein und hielt etwa folgende Ansprache:

58 »Soldaten, ich weiß aus Erfahrung, daß Worte noch keine Tapferkeit geben und daß eine Rede des Feldherrn aus einem schlappen Heer kein tüchtiges und kein tapferes aus einem feigen machen kann. Wieviel Mut in jedem von Natur oder durch Ausbildung steckt, das zeigt sich in der Regel erst im Krieg. Einen, den weder der Ruhm noch Gefahren aufrütteln, wird man vergebens ermutigen: die Angst verschließt sein Ohr. Ich habe euch aber hergerufen, um euch an einiges zu erinnern und um auch den Grund für mein Vorgehen zu eröffnen.

Soldaten, ihr wißt ja, welches Unglück Lentulus durch seine Halbherzigkeit und Schlappheit sich selbst und uns gebracht hat und wieso ich, während ich aus der Hauptstadt Verstärkungen erwartete, nicht nach Gallien marschieren konnte. In welcher Lage wir uns aber jetzt befinden, das seht ihr alle ebenso wie ich. Zwei feindliche Heere sperren uns den Weg, das eine von der Hauptstadt, das andere von Gallien her. Noch länger in dieser Gegend zu bleiben, verbietet uns, auch wenn wir das am liebsten möchten, der Mangel an Verpflegung und anderen Dingen. Gleich, wohin wir ziehen wollen, der Weg muß mit dem Schwert gebahnt werden. Darum richte ich an euch die Mahnung: Seid tapfer und entschlossen, und wenn ihr in den Kampf geht, so denkt daran, daß ihr Reichtum, Ehre und Ruhm sowie Freiheit und Vaterland in euren Fäusten tragt! Wenn wir siegen, wird uns alles sicher sein: Lebensmittel in Fülle, Landstädte und Ansiedlungen werden offenstehen; wenn wir aber aus Furcht weichen, dann wird gerade das Gegen-

10 vorsa fient: neque locus neque amicus quisquam teget,
quem arma non texerint.
11 Praeterea, milites, non eadem nobis et illis necessitu-
do inpendet: nos pro patria, pro libertate, pro vita cer-
tamus, illis supervacuaneum est pugnare pro potentia
12 paucorum. quo audacius adgredimini memores pristi-
13 nae virtutis. licuit vobis cum summa turpitudine in exilio
aetatem agere, potuistis nonnulli Romae amissis bonis
14 alienas opes expectare; quia illa foeda atque intoleranda
15 viris videbantur, haec sequi decrevistis. si haec relinque-
re voltis, audacia opus est: nemo nisi victor pace bellum
16 mutavit. nam in fuga salutem sperare, quom arma, qui-
bus corpus tegitur, ab hostibus avorteris, ea vero de-
17 mentia est. semper in proelio iis maxumum est pericu-
lum, qui maxume timent: audacia pro muro habetur.

18 Quom vos considero, milites, et quom facta vostra
19 aestumo, magna me spes victoriae tenet. animus aetas
virtus vostra me hortantur, praeterea necessitudo, quae
20 etiam timidos fortis facit. nam multitudo hostium ne
21 circumvenire queat, prohibent angustiae loci. quod si
virtuti vostrae fortuna inviderit, cavete inulti animam
amittatis, neu capti potius sicuti pecora trucidemini,
quam virorum more pugnantes cruentam atque luctu-
osam victoriam hostibus relinquatis."

59 Haec ubi dixit, paululum conmoratus signa canere
iubet atque instructos ordines in locum aequom deducit.
dein remotis omnium equis, quo militibus exaequato
periculo animus amplior esset, ipse pedes exercitum pro
2 loco atque copiis instruit. nam, uti planities erat inter
sinistros montis et ab dextra rupe aspera, octo cohortis
in fronte constituit, reliquarum signa in subsidio artius
3 conlocat. ab iis centuriones, omnis lectos et evocatos,
praeterea ex gregariis militibus optumum quemque [ar-
matum] in primam aciem subducit. C. Manlium in dex-

teil geschehen: kein Ort und kein Freund wird den schützen, den seine Waffen nicht schützten.

Außerdem, Soldaten, bedrängt uns und jene nicht der gleiche Zwang: wir streiten für das Vaterland, für die Freiheit, für unser Leben, jene führen einen überflüssigen Kampf nur für die Macht einiger weniger. Greift daher um so kühner an und denkt an eure frühere Tapferkeit! Es hätte euch freigestanden, euer Leben in der Verbannung zu verbringen, in tiefster Schande freilich; manche von euch hätten nach dem Verlust ihres Vermögens in Rom fremde Unterstützung erwarten können. Weil das aber schmählich und für Männer unerträglich schien, habt ihr euch entschieden, meiner Sache zu folgen. Wenn ihr sie wieder verlassen wollt, ist Kühnheit nötig: nur der Sieger kann den Krieg mit dem Frieden vertauschen. Denn die Rettung von der Flucht zu erwarten, wenn man die Waffen, mit denen man sich schützt, von den Feinden abgewendet hat, das wäre wirklich Wahnsinn. Stets droht im Kampf denen die meiste Gefahr, die sich am meisten fürchten; im Mut besitzt man eine Mauer.

Soldaten, wenn ich auf euch blicke und wenn ich eure Taten beurteile, dann habe ich große Hoffnung auf einen Sieg. Euer Kampfgeist, Lebensalter, Mannesmut treiben mich an, außerdem der Zwang, der sogar Ängstliche zu Helden macht. Denn daß uns die Überzahl der Feinde umzingeln könnte, das verhindert die Enge des Geländes. Wenn freilich das Geschick eurer Tapferkeit nichts gönnen sollte, dann gebt euer Leben ja nicht ohne Rache her und laßt euch als Gefangene nicht wie das Vieh hinschlachten, statt lieber wie Männer zu kämpfen und den Feinden nur einen blutigen und leidvollen Sieg zu überlassen!«

59 Nach diesen Worten wartet er ein wenig, läßt dann die Signale blasen und führt die Reihen geordnet in das ebene Gelände hinab. Danach läßt er sämtliche Pferde wegbringen, damit die Soldaten wegen der Gleichheit der Gefahr größeren Mut hätten, und ordnet, selber zu Fuß, das Heer, wie es dem Gelände und der Truppe entspricht. Denn da die Ebene zwischen Bergen links und einer schroffen Felsgruppe rechts lag, stellt er acht Kohorten in die Front, die übrigen Fähnlein postiert er als Reserve auf ziemlich engem Raum. Von diesen holt er die Hauptleute, lauter ausgesuchte und altgediente Männer, ferner aus den unteren Dienstgraden die besten [und gutbewaffneten] Soldaten in die erste Kampflinie vor. Das Kommando auf dem rechten Flügel gibt er Gaius

tra, Faesulanum quendam in sinistra parte curare iubet;
ipse cum libertis et colonis propter aquilam adsistit,
quam bello Cimbrico C. Marius in exercitu habuisse di-
cebatur.

4 At ex altera parte C. Antonius, pedibus aeger quod
proelio adesse nequibat, M. Petreio legato exercitum
5 permittit. ille cohortis veteranas, quas tumulti causa
conscripserat, in fronte, post eas ceterum exercitum in
subsidiis locat. ipse equo circumiens unumquemque no-
minans appellat hortatur rogat, ut meminerint se contra
latrones inermis pro patria, pro liberis, pro aris atque
6 focis suis certare. homo militaris, quod amplius annos
triginta tribunus aut praefectus aut legatus aut praetor
cum magna gloria in exercitu fuerat, plerosque ipsos
factaque eorum fortia noverat: ea conmemorando mili-
tum animos adcendebat.

60 Sed ubi omnibus rebus exploratis Petreius tuba sig-
num dat, cohortis paulatim incedere iubet; idem facit
2 hostium exercitus. postquam eo ventum est, unde a fe-
rentariis proelium conmitti posset, maxumo clamore
cum infestis signis concurrunt; pila omittunt, gladiis res
3 geritur. veterani pristinae virtutis memores comminus
acriter instare, illi haud timidi resistunt: maxuma vi
4 certatur. interea Catilina cum expeditis in prima acie
vorsari, laborantibus succurrere, integros pro sauciis ar-
cessere, omnia providere, multum ipse pugnare, saepe
hostem ferire: strenui militis et boni imperatoris officia
5 simul exequebatur. Petreius ubi videt Catilinam, contra
ac ratus erat, magna vi tendere, cohortem praetoriam in
medios hostis inducit eosque perturbatos atque alios ali-
bi resistentis interficit; deinde utrimque ex lateribus ce-
6 teros adgreditur. Manlius et Faesulanus in primis pug-
7 nantes cadunt. Catilina postquam fusas copias seque
cum paucis relicuom videt, memor generis atque pristi-
nae suae dignitatis in confertissumos hostis incurrit ibi-
que pugnans confoditur.

Manlius, auf dem linken einem Mann aus Faesulae; er selbst stellt sich mit Freigelassenen und Siedlern neben dem Legionsadler auf, den Gaius Marius im Krieg gegen die Cimbern in seinem Heer gehabt haben soll.

Auf der gegnerischen Seite aber übergibt Gaius Antonius, weil er wegen eines Fußleidens am Gefecht nicht teilnehmen konnte, das Heer dem Legaten Marcus Petreius. Dieser stellt die Kohorten der Altgedienten, die er wegen der Unruhen aufgeboten hatte, in die Front, hinter sie das übrige Heer als Reserve. Er macht selber zu Pferd die Runde, spricht einen jeden persönlich an, ermutigt ihn und bittet, daran zu denken, daß sie gegen unbewaffnete Räuber für ihr Vaterland und ihre Kinder, für ihren Hausaltar und Herd kämpften. Weil dieser kriegserprobte Mann über dreißig Jahre lang als Tribun, Präfekt, Legat oder Oberbefehlshaber mit großer Auszeichnung im Heer gedient hatte, kannte er die meisten persönlich und auch ihre tapferen Taten; durch den Hinweis auf sie suchte er seine Leute anzufeuern.

60 Sobald nun alles erkundet ist und Petreius mit der Trompete das Signal geben läßt, befiehlt er seinen Kohorten, langsam vorzurücken; dasselbe macht das Heer der Feinde. Als man an die Stelle gekommen ist, wo das Gefecht von den Wurfschützen eingeleitet werden kann, da stürzen sie mit lautestem Kampfruf im Sturmangriff aufeinander los; die Speere setzen sie gar nicht ein, man führt den Kampf gleich mit dem Schwert. Die Altgedienten dringen, getreu ihrer einstigen Tapferkeit, im Nahkampf heftig auf den Gegner ein, dieser leistet unerschrocken Widerstand: man ficht mit aller Kraft. Catilina indessen befindet sich mit einem Stoßtrupp in der ersten Linie; er springt Bedrängten bei, holt frische Kräfte für die Verwundeten, überschaut alles, kämpft oft selber mit, erschlägt so manchen Feind: er erfüllte die Pflichten eines tüchtigen Soldaten und eines guten Feldherrn zugleich. Als Petreius sieht, daß sich Catilina gegen seine Erwartung mit aller Kraft einsetzt, da führt er seine Leibgarde ins Zentrum der Feinde, bringt sie in Verwirrung und macht nieder, was da und dort Widerstand leistet. Die übrigen greift er danach von beiden Innenflanken her an. Manlius und der Mann aus Faesulae fallen, in den ersten Reihen kämpfend. Nachdem Catilina sieht, daß seine Truppen geschlagen sind und er mit nur wenigen noch übrig ist, da stürmt er, seiner Abkunft und einstigen Würde getreu, in das dichteste Gewühl der Feinde und wird dort kämpfend niedergestoßen.

61 Sed confecto proelio tum vero cerneres, quanta auda-
cia quantaque animi vis fuisset in exercitu Catilinae.
2 nam fere quem quisque [vivos] pugnando locum cepe-
3 rat, eum amissa anima corpore tegebat. pauci autem,
quos medios cohors praetoria disiecerat, paulo divor-
sius, sed omnes tamen advorsis volneribus conciderant.
4 Catilina vero longe a suis inter hostium cadavera reper-
tus est, paululum etiam spirans ferociamque animi,
5 quam habuerat vivos, in voltu retinens. postremo ex
omni copia neque in proelio neque in fuga quisquam
6 civis ingenuos captus est: ita cuncti suae hostiumque
7 vitae iuxta pepercerant. neque tamen exercitus populi
Romani laetam aut incruentam victoriam adeptus erat.
nam strenuissumus quisque aut occiderat in proelio aut
8 graviter volneratus discesserat. multi autem, qui e cas-
tris visundi aut spoliandi gratia processerant, volventes
hostilia cadavera amicum alii, pars hospitem aut cogna-
tum reperiebant; fuere item, qui inimicos suos cognos-
9 cerent. ita varie per omnem exercitum laetitia maeror,
luctus atque gaudia agitabantur.

61 Nach der Schlacht, da hätte man erst recht sehen können, welche Kühnheit und welche Entschlossenheit das Heer Catilinas beseelt hatte. Denn fast jeder deckte, nachdem er das Leben gelassen, mit seiner Leiche den Platz, den er [lebend] beim Kampf eingenommen hatte. Wenige nur, die die Leibgarde aus dem Zentrum versprengt hatte, waren etwas weiter abseits gefallen, jedoch alle mit Wunden auf der Brust. Catilina aber fand man weitab von seinen Leuten zwischen den Leichen der Feinde; er atmete noch ein wenig und hatte in seiner Miene noch die Getriebenheit, die er im Leben gehabt. Aus der ganzen Truppenmasse schließlich ist kein einziger freier Bürger im Gefecht und auf der Flucht gefangengenommen worden; so hatten alle ihr und der Feinde Leben gleich wenig geschont. Jedoch auch das Heer des römischen Volkes hatte keinen frohen oder unblutigen Sieg errungen; denn gerade die Tüchtigsten waren entweder im Gefecht gefallen oder hatten schwere Wunden davongetragen. Von den vielen aber, die aus dem Lager zum Gaffen oder Beutemachen herbeigekommen waren, fanden die einen, wenn sie die Leichen der Gegner umdrehten, einen Freund, andere einen Gast oder Verwandten; es gab auch welche, die ihre persönlichen Feinde erkannten. So herrschten im ganzen Heer unterschiedlich Jubel und Trauer, Klage und Freude.

ANHANG

EINFÜHRUNG

Sallust · Leben und Werk

Das Leben des C. Sallustius Crispus verläuft in stürmischer Zeit. Seine Kindheit fällt in die Schreckensjahre des ersten römischen Bürgerkrieges mit der Diktatur Sullas (82–79 vor Chr.), in seiner Jugend spricht man von der Erhebung des Sertorius in Spanien (80–72) und von den Sklavenaufständen unter Spartacus (73–71)[1]. Den eben Erwachsenen erregen die Kriege und Siege des Pompeius gegen die Seeräuber und gegen Mithridates im Osten (67–63) sowie die Umtriebe Catilinas (63). In den Jahren, als Caesar ganz Gallien unterwirft (58–51), bekleidet er seine ersten politischen Ämter, dann nimmt er aktiv teil am zweiten Bürgerkrieg zwischen Pompeius und Caesar (49–45). Nach der Ermordung Caesars (44) erlebt er noch die Erschütterungen des dritten Bürgerkrieges, in dem die Caesarmörder mit Octavianus und Antonius um die Macht ringen. Es ist ein Leben, das von Bürgerkrieg zu Bürgerkrieg reicht.

Die Quellen für die Lebensdaten Sallusts fließen zwar spärlich genug, reichen aber aus zur Zeichnung eines Umrisses (auch ohne die verlorenen Biographien des Q. Asconius Pedianus und des C. Suetonius Tranquillus).

Sallust hatte nicht den Vorzug, aus einem altberühmten Haus der Hauptstadt Rom zu stammen, in dem die Bildnisse großer Ahnen zu sehen waren, in dem man die Staatsämter ›von Hand zu Hand‹ weiterreichte; er wurde im sabinischen Provinzstädtchen Amiternum (bei der heutigen Abruzzenstadt L'Aquila) im Jahr 87 oder 86 geboren. Immerhin waren seine Eltern so begütert, daß sie ihm den Weg eröffnen konnten, den ein aufstrebender junger Mensch damals gehen mußte: die Ausbildung in Rom mit rhetorisch-literarisch-historischen Studien. Bald jedoch trieb ihn der Ehrgeiz (nach einer militärischen Dienstzeit?) in die aktive Politik.

Die erste Stufe der fest geregelten Ämterlaufbahn, die Quästur, erreichte Sallust wohl kurz nach Vollendung des gesetzlichen Mindestalters von 30 Jahren und wurde damit Mitglied des Senats. Politisch war ihm die Richtung schon durch seine Herkunft vorge-

1 Alle folgenden Jahreszahlen liegen vor Christi Geburt.

geben, nämlich die der ›Volkspartei‹. Sie zu vertreten und mit Leidenschaft gegen die ›Senatspartei‹ anzukämpfen, hatte er Gelegenheit genug während der Unruhen des Jahres 52, als er Volkstribun war. Dieses Jahr begann ohne Konsuln und Prätoren; zwischen den Bandenführern T. Annius Milo und P. Clodius, die sich beide um die höchsten Ämter bewarben, der eine für die Popularen, der andere für die Optimaten, kam es zu mörderischen Schlägereien; das Ratsgebäude auf dem Forum ging in Flammen auf; der letzte Rest staatlicher Ordnung schien zusammenzubrechen, in ganz Gallien loderten Empörung und Aufstand. Erst Pompeius überwand als ›Konsul ohne Amtsgenosse‹ die anarchischen Zustände, stärkte dabei freilich die Sache der Optimaten und machte sich Caesar, die Hoffnung aller Popularen, zum Gegner.

In dieser Zeit wurde Sallust immer mehr zum Parteimann Caesars, und bald ließ man ihn das büßen: bei der Säuberungsaktion des Jahres 50 wurde er von dem nobilitätshörigen Censor Appius Claudius Pulcher aus der Liste der Senatoren gestrichen, angeblich wegen üblen Lebenswandels, tatsächlich aber, weil man den Anhänger Caesars treffen wollte. Der jedoch ließ ihn nicht fallen, sondern betraute ihn während des Bürgerkrieges mit militärischen Aufgaben. Großes Geschick hat Sallust dabei freilich nicht bewiesen: In Illyrien, wo er eine Legion befehligte, mußte er eine Niederlage einstecken und in Kampanien, wo er zwei meuternde Soldatenhaufen beruhigen sollte, wäre er beinahe erschlagen worden. Im Jahre 48 wahrscheinlich verschaffte ihm Caesar – er hatte nun die Macht – wieder einen Sitz im Senat. Das Jahr darauf beteiligte sich Sallust als Prätor am Krieg Caesars gegen die Pompeianer in Nordafrika; nun konnte er sogar einmal einen militärischen Erfolg erringen, als er den Gegnern auf der Insel Cercína (heute: Djerba in Tunesien) ein Getreidelager wegschnappte.

Nach Caesars entscheidendem Sieg bei Thapsus in Nordafrika (46) schien er der geeignete Mann, das erledigte Königreich Numidien in die Form einer römischen Provinz überzuführen; mit dem Titel Prokonsul wurde Sallust zum ersten Statthalter von Neu-Afrika bestellt. Die Statthalterschaft einer Provinz war damals ein beliebtes Mittel, rasch reich zu werden; man brauchte nur genügend Steuern aus dem Land herauszupressen. Auch Sallust hat sich während dieser seiner Amtszeit bereichert. Als er im nächsten Jahr nach Rom zurückkehrte, drohte ihm deshalb ein Prozeß wegen Ausbeutung der Provinz; nur dank der Hilfe Caesars, so sagte man, sei er der Verurteilung entgangen. Tatsache ist, daß er mit seinem Gelde im Norden Roms einen herrlichen Park anlegen lassen konnte, die *horti Sallustiani* (unterhalb des heutigen Monte Pincio). Es ist verständlich, daß die öffentliche Meinung daran Anstoß nahm und daß ihn seine Gegner herunterzumachen suchten, sei's mit berechtigten Vorwürfen, sei's mit tendenziöser Entstellung von Sachverhalten.

Am 15. März 44 fiel Caesar als Opfer einer reaktionären Verschwörergruppe. Damals vollzog sich in Sallust gerade seine entscheidende Lebenswende; enttäuscht und angewidert vom Treiben der Staatsmänner kehrte er der aktiven Politik den Rücken.

Das Jahrzehnt, das ihm bis zu seinem Tod im Jahr 34 noch gegönnt ist, widmet er ganz der Geschichtsschreibung. 43–42 etwa verfaßt er die *Verschwörung des Catilina* (*Catilinae coniuratio*), 41–40 den *Krieg gegen Iugurtha* (*Bellum Iugurthinum*), zuletzt noch eine *Zeitgeschichte* (*Historiae*) in fünf Büchern, die bis auf wenige Bruchstücke (Briefe und Reden) verloren ist; nach allem, was wir von ihr kennen, war sie sein bestes Werk. Die zeitliche Reihenfolge dieser Schriften ist in sich schlüssig: Der Umsturzversuch Catilinas im Jahre 63 ist sein frühestes und wohl stärkstes politisches Erlebnis gewesen. Im *Krieg gegen Iugurtha* (111–105) ließ sich die Thematik des *Catilina* am überzeugendsten weiterführen. Die *Zeitgeschichte* der Jahre 78–67 endlich konnte die Lücke zwischen den beiden bereits behandelten Ereignissen schließen helfen, so daß mit seinem Lebenswerk[1] eine ganze geschichtliche Epoche dargestellt war: das Jahrhundert der Revolutionen.

Tradition und Geschichtsdeutung

Eine eindringliche Erforschung der Texte Sallusts hat gezeigt, welche Bildungserlebnisse er in seiner Jugend- und Lernzeit gehabt haben muß: Offensichtlich fühlte er sich stark zur griechischen Philosophie und Historiographie hingezogen; er kennt und benutzt jedenfalls die »berühmten« Texte aus diesen Gebieten. Viele von ihnen galten damals längst als klassisch und wurden als Vorbilder in der Rhetorikausbildung behandelt.

1 Auf die beiden *Briefe an Caesar* und die *Schmähschrift gegen Cicero,* deren Verfasser strittig ist, sei hier nur hingewiesen.

Die Reminiszenzen, die man bei Sallust findet, entstammen dem 7. Brief Platons, dem Werk des Thukydides, der Zeitgeschichte des Römerfreundes Polybios, den Büchern des stoischen Universalgelehrten Poseidonios sowie verschiedenen Reden des Isokrates und Demosthenes.

Dazu kommen selbstverständlich die für einen Römer klassischen lateinischen Vorbilder: die *Jahrbücher* (*Annales*) des Ennius (239–169) sowie die Früh- und Zeitgeschichte (*Origines*) und die Reden des alten Cato (234–149). Diese Texte haben Sallusts Weltanschauung mitgeformt und ihm den Weg in die Geschichte gewiesen. Aus den Worten in seinem sog. *Selbstbekenntnis* (3,3–4,2) klingt es wie Erlösung vom politischen Ungeist, wie Rückkehr zu unverdorbener Jugend, in der Geschichtsschreibung endlich ein hohes Ziel gefunden zu haben.

Aus der republikanischen Zeit Roms kennen wir mehrere Männer senatorischen Ranges, die Geschichte geschrieben haben, freilich erst nach einem tatenreichen Leben in der Zurückgezogenheit (*otium*) des Alters, z. B. den berühmten Censor Cato. Anders Sallust: er tut das schon in der Lebensmitte und verläßt damit als erster Römer die Bahn einer festen Tradition. Weil das ungewöhnlich war, gibt er im Vorwort seines Werkes eine ausführliche Rechtfertigung seines Entschlusses.

Dabei beginnt er ganz allgemein mit einer Besinnung über Rang und Ziel des Menschen überhaupt: Er ist das Wesen zwischen Gott und Tier. Wer überzeugt ist von dieser Würde, wer bewußt über dem Tier stehen will, muß Ruhm (*gloria*) und Fortdauer (*memoria*) erstreben, und zwar mit seiner geistig-sittlichen Kraft (*virtus*), eben der Kraft, die Götter und Menschen gemeinsam haben. Dann geht er einen Schritt weiter: Ein rühmliches, lohnendes Leben lebt nur, wer im Dienste einer Aufgabe – jedem weist die Natur die seine – Tüchtiges schafft im Krieg oder Frieden, durch Vollbringung eigener Taten oder durch Schilderung der Leistungen anderer. Damit ist er bei der Geschichtsschreibung und kann zugleich ihre Neuwertung vornehmen: Sie ist nicht belangloses Schreiben, sondern ein schweres Werk, im Rang und Ruhm zwar unter der Tat stehend, als Darstellung und Würdigung von Taten aber ebenfalls eine Leistung der *virtus* und damit ein Weg zum Ruhm, der nach römischer Sicht höchsten menschlichen Bestimmung.

Für uns Heutige ist Geschichte ein verwickeltes Geflecht von Kräften und Vorgängen, so daß es der Analyse nur schwer gelingt, die wesentlichen Bewegungen und Richtungen herauszufinden. Gerade das leistet Sallust: er erklärt das geschichtliche Werden aus nur wenigen Prinzipien und arbeitet eine einfache Entwicklungslinie heraus, die in der sog. Archäologie der *Coniuratio* (6–13) am deutlichsten sichtbar wird. Roms Geschichte ist dort ein langer Aufstieg in zwei Stufen: von der Gründung der Stadt bis zum Sturz des Königtums (um 510) und dann von der Schaffung der republikanischen Staatsform bis zur Zerstörung Karthagos (146). Roms Geschichte ist dort aber auch ein jäher Niedergang in zwei Stufen: von der Zerstörung Karthagos bis zu Sullas Kriegen im Osten (88–83) und dann von Sullas Diktatur bis zur Revolte Catilinas.

Der Fall Karthagos – ein dem Römer geläufiges Datum – ist für Sallust die Wendemarke. Die Frühzeit Roms ist erhaben und vorbildhaft; alle guten Kräfte des Menschen entfalten sich und schaffen den Aufbau; Eintracht, Rechtlichkeit, Männlichkeit, Götterfurcht, Genügsamkeit, Treue, Tapferkeit, Disziplin und Toleranz begründen und festigen Roms Herrschaft. Nach 146 aber brechen die schlimmen Kräfte im Menschen auf und führen zum Verfall; irregeleiteter Ehrgeiz und ungezügelte Habsucht überspülen die alten Ordnungen und verfälschen alle Maßstäbe.

Den Aufstieg Roms erklärt Sallust aus nur zwei Eigenschaften, den Niedergang aus den zwei entgegengesetzten; ›Arbeitsfreude und Rechtlichkeit‹ (*industria/labor* und *iustitia*) haben Rom groß gemacht, ›Herrschsucht und Habgier‹ (*ambitio* und *avaritia*) führen Rom ins Verderben. Entscheidend ist, daß für ihn die treibenden und gestaltenden Kräfte der Geschichte moralischer Art sind: Tugenden und Laster (*bonae artes* und *vitia*); die jeweilige Lage des Staates ist nur Folge des sittlichen Verhaltens seiner Bürger. Moralische Werte sind zugleich politische Kräfte, und Herausbildung einer politischen Macht ist eine sittliche Aufgabe.

Die ethischen Verhaltensweisen und Werte sind bei Sallust – wie meist im Denken der Antike – primäre Befindlichkeiten, aus denen sich erst sekundär die sozialen und politischen Verhältnisse entwickeln. In Zeiten sittlicher Höhe baut sich ein festes Staatswesen auf, bei sittlichem Niedergang droht der Verfall der Sozietät. Deshalb gehört zu Sallusts »moralischem« Geschichtsbild auch eine schonungslose Diagnose der gesellschaftlichen Verhältnisse, die in der Mitte des Buches steht (36,4–39,3).

Aus der Polarität von Gut und Böse ergeben sich dort im sozialen und politischen Feld entsprechende Polarisierungen: Neben der Machtentfaltung nach außen steht im Innern das revolutionäre Drängen der Unzufriedenen, gegen den Filz der Optimaten kämpft – wie seit eh und je – die Masse der Popularen, den Machthabern und Begüterten widersetzen sich die Benachteiligten und Besitzlosen, neben den einfachen, aber gesicherten Leuten auf dem Lande vegetieren in der Stadt die Arbeitslosen und Arbeitsscheuen, die keine Perspektive haben und alles vom Staat erwarten. So sind die sozialen Verheerungen das Abbild der ethischen Versehrungen; einig sind sich alle nur im Egoismus.

Darstellung und Sprachstil

Das Altertum zählt die Historiographie zu den Künsten und stellt sie deshalb unter den Schutz einer Muse, der Klio. Wie eine andere Kunst, die Rede, soll sie den Leser belehren, fesseln und rühren (*docere, delectare, movere*). Sie ist nach Cicero (leg. 1,5) ›ein Tun, das wesentlich zur Redekunst gehört‹ (*opus oratorium maxime*). Der antike Geschichtsschreiber sieht daher seine Aufgabe zumeist nicht darin, die Quellen aufzuspüren und auszuschöpfen, um dann die tatsächlichen, wahren Geschehnisse von einst zu ermitteln (Thukydides bildet die große Ausnahme). Den Stoff kannte Sallust ja aus eigenen Erlebnissen und darüber hinaus durch Ciceros vier veröffentlichte *Reden gegen Catilina*. So war es vielmehr die Aufgabe des antiken Historikers, den vorgegebenen geschichtlichen Stoff richtig zu beurteilen und dann durch sein gestaltendes Wort entsprechend darzustellen (*facta dictis exaequare*), d. h. ein Kunstwerk zu schaffen.

Für das, was sich Sallust vornahm, haben wir seine eigene Angabe: er wollte ›die Unerhörtheit der Freveltat und Bedrohung‹ (*novitas sceleris atque periculi*), das noch nie Dagewesene und gegen alle hergebrachte Ordnung Verstoßende herausarbeiten. Das Frevelhafte lag für ihn darin, daß die Verschwörer aus unverhüllter Habgier handelten und zu den verworfensten Mitteln griffen: zu Mord, Brandstiftung und Hochverrat; das Bedrohliche darin, daß sie den Kampf mit dem großen Imperium aufzunehmen wagten bis zum katastrophalen Ende.

Im Gesamtverlauf der römischen Geschichte war die Verschwörung Catilinas tatsächlich nur eine episodenhafte Revolte, begonnen mit unzulänglichen Mitteln und Kräften, vorangetragen vom Machthunger enttäuschter Elemente und den Spekulationen gewöhnlicher Mitläufer, schließlich rasch niedergeschlagen von wenigen entschlossenen Organen des Staates. Hinter all dem stand aber viel mehr, eben das, was diese Vorgänge als bedenkliche Symptome einer hoffnungslosen Krankheit erscheinen läßt: Wie kläglich mußte es um ein Gemeinwesen und eine Führungsschicht bestellt sein, in dem ein Mann wie Catilina, der mit Schergendiensten angefangen hatte, dessen zuchtloses Treiben sogar damals Anstoß erregte, der durch üble Erpressungen zu Geld gekommen war und dessen Verbindungen zu Putschisten und Kriminellen man wohl kannte, sich mehrmals um das angesehenste Staatsamt bewerben konnte und tatsächlich viele Stimmen erhielt. Catilina ist eben nur Ergebnis und Ausdruck seiner Zeit, einer Zeit des sittlichen und politischen Verfalls, des Ringens zwischen der alten aristokratischen Staatsform und neuen radikalen Machtpolitikern.

Aus der speziellen Thematik und aus den allgemeinen Kunstgesetzen erklären sich Anlage, Form und Stil des Werkes.

1. Die *Verschwörung des Catilina* ist eine Monographie. Nur so ließ sich das ›unerhörte Geschehen‹ darstellen als einziges Thema, beispielhaft und ungeheuerlich. Der Leser hatte nur eine einzige Linie zu verfolgen: Voraussetzung, Beginn, Entfaltung, Höhepunkt, Wende, Entlarvung und Zusammenbruch der Verschwörung.

Die Ereignisse selbst sind gestrafft und um die Hauptperson gruppiert. Immer steht Catilina im Vordergrund; die anderen Rädelsführer und Hintermänner agieren fast nur als Statisten und Nebenfiguren. Um seine Gestalt möglichst hervorzuheben, schreibt ihm Sallust schon bei dem Putschversuch 66 eine führende Rolle zu und läßt ihn jahrelang die staatliche Ordnung bedrohen, obwohl die eigentliche Verschwörung nur ein gutes halbes Jahr gedauert hat; auch scheut er sich nicht, Ereignisse gelegentlich wirkungsvoll umzudatieren.

Die Akzente sind so gesetzt, daß Sallusts politische Überzeugung vernehmlich wird: So feiert er Cicero nicht als den großen Retter und ›Vater des Vaterlandes‹, sondern relativiert seine Verdienste; er billigt ihm zwar zu, daß er sich als Konsul schlau und gewandt verhält, gibt aber recht deutlich zu verstehen, daß es ihm an der nötigen Entschlossenheit und Härte mangelt, daß er auf die Mächtigen allzusehr Rücksicht nehmen muß und daß es lediglich die wankelmütige Masse ist, die ihn in den Himmel hebt.

2. Die Darstellung ist durchwoben von Charakteristiken, Reden und Exkursen, wie es die antike Kunstlehre verlangt.

Die Charakteristiken umgreifen die Anlagen, Eigenschaften und Taten der führenden Personen, teils in Anlehnung an bewährte Muster der Schulrhetorik, teils in eigener Gestaltung.

Reden finden sich seit Thukydides als feste Bestandteile in den Geschichtsdarstellungen. Sie sind immer freie Schöpfungen des Autors; an passenden Stellen und Höhepunkten eingereiht, beleuchten und beurteilen sie jeweils die geschichtliche Situation oder erhellen das Denken und Wollen einzelner Personen aus der Sicht des Autors.

Einen Exkurs gibt der Historiker dort, wo er die Handlungslinie unterbrechen will, um den Hintergrund der Geschehnisse zu zeigen, um Voraussetzungen für das Verständnis zu schaffen oder um wichtige Ergänzungen nachzutragen. So legt der erste Exkurs (6–13) dar, wie es überhaupt zu einem Catilina kommen konnte, der zweite (18–19) blendet zurück auf die früheren Putschversuche Catilinas, der dritte (36,4–39,5) analysiert die politische Lage Roms im Jahr 63, der vierte (48,7–49) berührt die Frage der Mitwisserschaft von Crassus und Caesar, der letzte (53–54) bringt eine Besinnung über das Wirken führender Männer in der Geschichte. Durch diese Exkurse erreicht Sallust die Gliederung der ganzen Handlung in Einzelszenen; diese sind aufgereiht an einer durchgehenden Idee und ergeben einen Aufbau von der Geschlossenheit eines Dramas.

3. Der eigenwillige Sprachstil ist wohl das Auffallendste in Sallusts Werk. Der Autor hat ihn sich hart erarbeiten müssen, wie schon der Redelehrer Quintilian (10,3,7) bemerkt; aus fast jeder Zeile spürt man die bedachte Mühe und die formende Kraft einer Individualität. Sallust stellt sich mit seinem Stilwollen gegen die Strömung seiner Zeit und in die Nachfolge des Griechen Thukydides und des legendären Cato. Statt der flüssigen, ausschwingenden und ebenmäßigen Perioden, wie sie etwa Cicero liebte, wählte er grundsätzlich und bewußt einen spröden, gedrängten und unsymmetrischen Satzbau, ja steigert ihn zur Manier. Seine Ausdrucksweise ist immer neu, ungewöhnlich und überraschend, voll Wach-

heit und Abwechslung (*variatio*). Die Kürze (*brevitas, velocitas*) seiner Diktion ist schon im Altertum berühmt gewesen und hat Beifall und Ablehnung gefunden. Bis zu sentenziös-spruchartiger Knappheit sind die einzelnen Sätze meist zurechtmodelliert, dicht und bedeutungsgeladen in ihrer Aussage. Man kann kaum ein Wort des Textes verändern, ohne zugleich den Sinn zu verfälschen (*ex Sallusti sententia nihil demi sine detrimento sensus potest,* sagt ein römischer Rhetor).

Sallusts Verehrung der gesunden alten Zeit drückt sich dadurch aus, daß er sich einen Wortschatz von altertümlichem Gepräge schafft und in Lautgebung, Formengebrauch und Satzfügung absichtlich archaisiert. Er sucht die ›wahren Namen der Dinge‹ (*vera vocabula rerum* 52,11) und steigert sie zu frührömischer Erhabenheit (*gravitas*).

Rhetorische Kunstmittel verwendet er verschwenderisch, besonders dann, wenn sie als archaisch galten oder den Eindruck des Urtümlichen hervorrufen konnten; z. B. stellt er sehr häufig die einzelnen Satzglieder in unverbundener Reihung (Asyndeton) hart nebeneinander, läßt verknüpfende Partikeln beiseite, schafft Gleichklang (Alliteration) bei den Wortanfängen und setzt die Gedanken zueinander in Gegensatz (Antithese), oft in der sog. Kreuzstellung (Chiasmus).

Sein Stil trägt ein unnachahmliches persönliches Gepräge; er zeigt gesammelte Kraft, betonte Würde, gemessenen Ernst und bewegte Leidenschaftlichkeit zugleich. Man hat ihn als »echteste Verkörperung des Genius der römischen Sprache und römischen Wesens überhaupt« bezeichnet.

Aufnahme und Wirkung

Sallusts Werke sind von den Zeitgenossen nur zurückhaltend aufgenommen worden: Die Optimaten fühlten sich entlarvt, die Politiker angegriffen; andere wieder stießen sich an seinem archaisierenden Stil, z. B. der Literat Asinius Pollio, der Kaiser Augustus und der Historiker Livius. In der Mitte des 1. Jahrhunderts n. Chr. erfolgte jedoch eine Umwertung. Jetzt, in der Epoche der sog. Silbernen Latinität, strebt man nach sentenziös zugeschliffener Kürze, und Sallust wird nun der anerkannte Meister. Der Dichter Martial weist ihm den ersten Platz in der römischen Historiographie zu, und der große Tacitus nennt ihn den »ausgezeichnetsten Darsteller der römischen Geschichte«.

Dem zweiten Jahrhundert gilt Sallust bereits als der Historiker schlechthin; man ahmt sein archaisches Kolorit nach und zieht aus seinem Werk rhetorische Glanzstücke aus. In der Zeit des Kaisers Hadrian übersetzt es ein gewisser Zenobios sogar ins Griechische, eine Ehre, die unseres Wissens nur noch dem *Apologeticum* des Christen Tertullian zuteil wurde. Schließlich wird Sallust gar Schulautor, den jeder Gebildete gelesen haben muß. Man erläutert seine Schriften und widmet ihm gelehrte Studien. Der letzte, der im Altertum Sallust benutzt und auswertet, ist der Kirchenvater Augustinus. Er nimmt in seinem *Gottesstaat* den »Historiker von anerkannter Wahrheitsliebe« als Kronzeugen dafür, daß der Niedergang Roms bereits in republikanischer Zeit eingesetzt habe und daher nicht der neuen christlichen Religion zur Last gelegt werden dürfe.

ERLÄUTERUNGEN

1–4 In dem zweiteiligen Vorwort (Proömium) legt Sallust dar, wie er durch politische Ereignisse und aus innerer Berufung zur Geschichtsschreibung kam. Für ein solches Vorwort hatte sich seit langem eine bestimmte Topik herausgebildet; in Rom sprach man meist über Plan und Absicht des Werkes speziell sowie über literarische Tätigkeit und Nutzen der Historiographie allgemein.

Sallust macht das anders; er geht von einer Prämisse aus, die wohl für jeden Römer Geltung hatte: Der Mensch als körperlich-geistiges Wesen soll durch echte Leistung nach wahrem Ruhm (*gloria*) streben; mit seiner den Göttern verwandten Geisteskraft kann er das schaffen. Dann spricht er von verschiedenen Möglichkeiten der Daseinsgestaltung und von Wegen zum Ruhm, macht deutlich, daß die schwierige Geschichtsschreibung auch eine wichtige Aufgabe darstellt, und zeigt schließlich durch ein ›Selbstbekenntnis‹, wie er aus der Korrumpierung durch politischen Ehrgeiz heraus zu seinem eigentlichen Wesen zurückgefunden hat. Das Beobachtungsfeld, das am Anfang alle Menschen umfaßt, wird also immer mehr zentriert, bis der Leser schließlich zur Weltanschauung des Autors und zum thematischen Fundament seines Werkes gelangt ist.

Die Gedankenführung des Vorworts scheint spröde, weil Sallust zwar das Schema der Deduktion wählt, aber doch zwischen die zusammengehörenden Blöcke 1,1–4 und 2,7–9 eine Betrachtung über geschichtlich-politische Mächte einfügt, weil er seine Gedanken gern in Antithesen entwickelt und diese assoziativ aneinanderreiht, weil er viele aus dem Rhetorikunterricht bekannte philosophisch-literarische Reminiszenzen und Sentenzen einbaut und im Ausdruck bewußt archaisches Kolorit erstrebt. Erreicht wird etwas Entscheidendes: Der Leser geht von selbstverständlichen Dingen aus, wird durch eine scheinbar objektive Darlegung geführt und findet sich bei Ergebnissen, die den üblichen römischen Vorstellungen widerstreiten, die er aber bejahen muß, denn sie sind ja ›logisch‹ abgeleitet: Geschichtsschreibung ist auch eine Leistung römischer *virtus* und hat ein volles Recht auf Ruhm.

Sallust hat auf die Gedanken des Vorworts – ein Stück seines Lebens! – gewiß besonderen Wert gelegt; denn im Vorwort zum *Bellum Iugurthinum* entwickelt er ähnliche Auffassungen.

5 Hauptursache der Verschwörung ist der Charakter der Hauptperson. Catilina war von vornehmer Abstammung (*nobili genere natus*), er besaß »große Geistes- und Körperkraft« (*magna vi et animi et corporis*), was ihn zu echter *virtus* befähigt hätte, wenn er nicht »einen schlechten, mißratenen Charakter« (*ingenio malo pravoque*) gehabt hätte. Sallust hält sich bei seiner knappen Charakterschilderung ziemlich eng an ein bewährtes, von der griechischen Rhetorik geformtes Schema. So berichtet er über Abstammung, Anlagen, Ausbildung in der Jugend, Wesenszüge des Mannes, Verhaltensweisen und Zielsetzungen, die er später (in Kap. 14 und 15) noch weiter entfaltet.

Erhellend ist ein Vergleich mit der Charakteristik, die Cicero in seiner *Rede für Caelius* (12) über Catilina bringt:

»Er hatte zahlreiche höchste Tugenden, zwar nicht als ausgeprägte Merkmale, aber doch in umrißhaften Andeutungen. Er verkehrte mit vielen minderwertigen Menschen und tat dabei doch so, als sei er den besten Männern ergeben. Bei ihm zeigte sich ein starker Hang zu Ausschweifungen, aber auch ein gewisser Antrieb zu fleißiger Arbeit. In ihm glühten lasterhafte Begierden, doch lebten in ihm auch Neigungen für das Kriegswesen. Niemals gab es meiner Meinung nach auf der Welt ein solches Ungeheuer, das in sich so gegensätzliche, verschiedenartige und einander widerstreitende charakterliche Neigungen und Bestrebungen verschmolzen hätte.«

6 Der erste Teil des (bis Kap. 13 reichenden) großen Exkurses ordnet die Verschwörung in den Gesamtverlauf der römischen Geschichte ein und bewertet sie als Folge eines allgemeinen politischen und moralischen Verfalls. Sallust behandelt in dieser ›Archäologie‹ zuerst den Aufstieg des Staates: die Gründung Roms, die Machtentfaltung Roms nach außen und die Verhältnisse im Inneren des Staates.

Die Gründung Roms führt er als Historiker nicht auf die allbekannte Romulus-Legende zurück, sondern darauf, daß sich im Siedlungsraum der Ureinwohner Flüchtlinge aus der (am Ende des 2. Jahrtausends zerstörten) Stadt Troja niederließen. Richtig ist daran, daß bestehende Streusiedlungen am Unterlauf des Tiber (etwa in der Mitte des 8. Jahrhunderts) zur Stadt Rom verschmolzen.

Die Erfolge der altrömischen Außenpolitik – nach der Abwehr feindlicher Nachbarn – sieht Sallust in einer Haltung, die Perikles in seiner berühmten Totenrede für die Gefallenen des Kriegsjahres 431 als Kennzeichen der Politik Athens gerühmt hatte: »Nicht durch Annahme von Wohltaten, sondern durch Erweis solcher gewinnen wir unsere Freunde« (Thukydides, Historiae 2,40).

Die innenpolitische Entwicklung verlief, wie die römische Geschichtsschreibung immer herausstellte, von einer in Tyrannis ausgearteten Königsherrschaft zu einer freistaatlich-republikanischen Form (seit 510/509).

7 Geschildert wird die (idealisierte!) Frühzeit der Republik: Die Tatkraft (*virtus*) des einzelnen und die Freiheit (*libertas*) der Bürgerschaft können sich nun voll entfalten und das Streben nach Ruhm (*gloria*) befriedigen. So bilden sich die typischen Züge des frühen Römertums heraus, die im kriegerischen Einsatz am deutlichsten hervortreten.

8 Man könnte diesen Abschnitt als Fremdkörper in der ›Archäologie‹ empfinden und dabei eine wichtige Funktion übersehen: Sallust will hier, wo er von der guten alten Zeit spricht, nochmals zwischen den Zeilen auf sein Wirken und Werk, auf seinen ›Ruhm‹ hinweisen. Ein Volk braucht auch das Glück (*fortuna*), daß Schriftsteller seine Leistungen ins Licht rücken. Athen hat immer schon das Glück solch bedeutender Schriftsteller gehabt (vgl. Isokrates, Panegyrikos 75–81). In Rom war das noch nicht der Fall, denn man wollte lieber Taten ausführen als schildern. Welcher Leser wird sich da nicht an das erinnern, was Sallust in Kap. 3–4 über seine persönliche Situation dargelegt hatte?

9 Hier in der Mitte des ganzen Exkurses sind Gedanken aus Kap. 7 weitergeführt. Jetzt nämlich weist Sallust vor allem auf die Werte und Eigenschaften (*boni mores*) hin, die nach römischer Sehweise eine Herrschaft begründen und sichern: Gemeinschaftsgeist (*concordia*), Rechtlichkeit (*iustitia, aequitas*), Tatkraft (*virtus*), Pflichtgefühl (*pietas*), Sparsamkeit (*parsimonia*), Vertrauenswürdigkeit (*fides*), Wagemut (*audacia*), Unterordnung (*disciplina*), Nachsicht (*iniurias ignoscere*). Recht- und Sittlichkeit (*ius bonumque*) besaßen die Menschen einst ›von Natur aus‹.

10 Die nun einsetzende Wende bringt den moralischen Niedergang der Römer. Nach der Auffassung Sallusts begann der Abstieg, als Könige (z. B. Pyrrhos 280–275) und ganze Völker (z. B. die Gallier und die Samniten) niedergerungen waren und die Punierstadt Karthago bezwungen und vernichtet war. Es ist, als ob jetzt die irrationale Macht des Schicksals (*fortuna,* griech. τύχη) eingegriffen habe gegen die rationale Kraft der *virtus*: So wie einst das Wertepaar ›Leistungswille und Rechtlichkeit‹ (*industria/labor* und *iustitia*) Rom großgemacht hatte, so führt nun das entsprechende Lasterpaar ›Ehrsucht und Habgier‹ (*ambitio* und *avaritia*) ins Verderben. Die *avaritia* entwickelt dabei die größere Zerstörungskraft.

11 Die subversiven Kräfte werden in ihrer zeitlichen Abfolge (erst Ehrsucht, dann Habgier) genannt, dann folgt eine Chronologie des Niedergangs. Sallust sieht bei seiner Analyse zwei Stufen: 1. Vom Fall Karthagos (146) bis zu Sulla herrscht vor allem die ungeordnete *ambitio*, die sich besonders im zivilen Leben auswirkt. 2. Seit Sullas Sieg (82) dringt das Gift der *avaritia* und *luxuria* ein, was vor allem im Heer schlimme und typische Folgen hat.

12–13 Beschreibung der verheerenden Auswirkungen des Reichtums in Rom: alle Wertmaßstäbe wurden verzerrt. Die Alten (z. B. Cato Censorius) waren noch rechtschaffen und lebten (wie Stoiker) in Übereinstimmung mit der Natur, dann aber wurde alles ins Unnatürliche verkehrt. Sallust schildert das mit einer eindrucksvollen Topik, wie sie sich ähnlich schon in dem bekannten Mythos *Herakles auf dem Scheideweg* des Sophisten Prodikos findet (erhalten durch Xenophons *Erinnerungen an Sokrates* 2,1,30).

Roms Aufstieg und Niedergang sind so ausführlich (Kap. 6–13) behandelt, damit auf diesem Hintergrund das Ausmaß der nun zu schildernden Verschwörung verständlich wird (vgl. Kap. 36, 4–38).

14–16 Weiterführung von Kap. 5: Der Sittenverfall wirkt sich aus. In kurzer assoziativer Reihung ziehen Catilinas Anhänger an uns vorbei. Er rekrutiert Verbrecher und Gesindel jeder Art, vor allem Jugendliche, die auch am ›schönen Leben‹ partizipieren möchten und sich leicht kaufen lassen; Heruntergekommene gibt es genug, und der Staat ist schwach. In die Mitte gestellt (Kap. 15) sind schwer belastende Vorwürfe – sexuelle Haltlosigkeit und Hörigkeit –, die einen Catilina zur Ermordung seines Sohnes und fast zum Wahnsinn getrieben haben; es ist wie bei der Hauptfigur einer Tragödie.

Einen rhetorisch aufgemachten Katalog dieser Typen gibt Cicero in seiner *2. Rede gegen Catilina* (7–8): »Welcher Giftmischer, welcher Bandit, welcher Räuber, welcher Meuchelmörder, welcher Verwandtenmörder, welcher Erbschleicher, welcher Betrüger, welcher Schlemmer, welcher Verschwender, welcher Ehebrecher, welches liederliche Weib, welcher Jugendverführer, welcher verdorbene, verkommene Kerl ließe sich in ganz Italien finden, der nicht zugeben müßte, er habe mit Catilina aufs vertrauteste zusammengelebt? Welcher Mord ist diese Jahre hindurch ohne ihn verübt, welches gemeine Sittlichkeitsverbrechen nicht durch ihn begangen worden? Welcher Mensch hat eigentlich jemals solche Verführungskünste der Jugend gegenüber besessen wie er?«

17 Die erste konkrete Handlung der Verschwörer im Sommer des Jahres 64: Sie kommen im Haus Catilinas zusammen; den Verlauf des Treffens selbst schildern erst die Kap. 20–22. Sallust trennt die Schilderung der ersten Verschwörerversammlung wohl deshalb in zwei Teile, damit er frühere Putschversuche (Kap. 18–19) einblenden kann.

In Wirklichkeit – so Cicero in seiner *Rede für Murena* (50–51) – fand die Versammlung der Verschwörer im Hause Catilinas erst kurz vor den Wahlen des Jahres 63, also ein Jahr später statt. Sallust bringt sie schon jetzt, um den Eindruck einer langen Vorbereitungszeit zu erwecken und damit die Gefährlichkeit der Verschwörung zu steigern. Er hat damit nicht ganz unrecht; denn viele Vorgänge (Planung, Kontaktnahmen, Absprachen, Attentatsversuch auf Cicero) geschahen tatsächlich schon lange vor Beginn der eigentlichen Rebellion nach der Wahlniederlage Catilinas im Jahre 63.

Die namentlich angegebenen Senatoren und Ritter (vgl. Namensverzeichnis) spielen in der Verschwörung selbst eine mehr oder weniger bedeutsame Rolle. Weitere an der Verschwörung beteiligte Gruppen werden von Cicero in seiner *2. Rede gegen Catilina* (18–23) ausführlich geschildert.

18–19 Rückverweis auf das Jahr 66: Damals versuchten die bereits gewählten, aber wegen Wahlbestechung wieder abgesetzten Konsuln P. Autronius und P. Sulla in einer sog. ersten Verschwörung zu putschen, Vorgänge, die wegen der widersprüchlichen Überlieferung nicht restlos aufzuklären sind.

Catilina wollte sich schon im Jahr 66 bei der notwendig gewordenen Nachwahl um das Konsulat bewerben; er wurde aber zurückgewiesen, da gegen ihn wegen seiner üblen Erpressungen während seiner Amtstätigkeit in Afrika ein Prozeß anlief. Den Beginn seiner umstürzlerischen Aktionen datiert Sallust gewiß deshalb so früh, damit seine Rolle als Führer der Verschwörer möglichst stark hervortreten kann. Warum er Piso so viel Platz eingeräumt hat, ist umstritten.

20–22 Fortsetzung des Berichts über das Treffen der Verschwörer (Kap. 17). Im Mittelpunkt steht Catilinas demagogische Rede vor den Wahlen. Er hetzt gegen die herrschende Nobilitätsclique und spielt sich als Sozialrevolutionär und Volkstribun auf, kann aber doch seine eigennützigen Ziele nicht verbergen. Auch seine Zuhörer durchschauen die Ambivalenz seiner Agitation und wollen genauere Erklärungen.

Die Rede ist natürlich nicht so gehalten worden, sondern eine freie Schöpfung des Autors, der hier einer seit dem griechischen Geschichtsschreiber Thukydides bestehenden Tradition folgt. Sie soll den Redner charakterisieren und demaskieren, die politisch-soziale Lage beleuchten, ja überzeichnen, die Handlung dramatisch beleben und Künftiges ahnen lassen. Die Rede hat schon immer als Meisterstück Sallusts gegolten. In der Tat, welche Antithetik und Polarisierung, welche Übersteigerung und Verdrehung der Begriffe, welche Parolen und Schlagworte!

Die Hauptgedanken der Rede erwähnt auch Cicero in seiner *Rede für Murena* (50); nach ihm hat Catilina damals erklärt, »als verläßlicher Anwalt der Verarmten könne nur einer in Frage kommen, der selbst verarmt sei; auf die Versprechungen Ungeschädigter und Begüterter dürften sich Schwergetroffene und Verarmte nicht verlassen; wer eingebüßtes Eigentum wieder ergänzen, entrissenes wiedererlangen wolle, der solle deshalb darauf sehen, welche Schulden, welchen Besitz, welchen Wagemut der künftige Führer und Bannerträger der Verkrachten habe; denn der müsse ganz unerschrocken und ebenfalls total verschuldet sein.«

Der Abschluß eines Blutsbündnisses unter den Catilinariern in den unheimlichen Ritualen eines Weiheaktes fremdartiger Kulte ist wenig wahrscheinlich, wurde aber schließlich geglaubt und hat noch auf christliche Schriftsteller Eindruck gemacht (z. B. Tertullian, Apologeticum 9,9).

23–24 Hier setzt die Gegenhandlung ein: Einer der Verschwörer, der Aufschneider Curius, hält nicht dicht; so werden die Umsturzpläne Catilinas in der Öffentlichkeit bekannt – und er fällt bei der Wahl durch.

Im Jahre 64 bewarben sich 7 Kandidaten; freilich hatten nur Cicero, Antonius und Catilina wirklich Aussicht auf Erfolg. Cicero war ein *homo novus*, ein ›Neuer Mann‹, d. h., er stammte aus einer Familie, die noch keinen Konsul hervorgebracht hatte. Ein solcher Bewerber hatte es besonders schwer; denn die Nobilität, d.h. die

Clique der Familien, die schon Konsuln gestellt hatten, betrachtete das höchste Staatsamt als ureigenes Privileg und Reservat. Cicero war damals der einzige Bewerber, der eine konservative Politik erwarten ließ; deshalb mußte sich auch die Nobilität für ihn einsetzen. Zudem hatte er kurz vor der Wahlentscheidung in seiner (verlorenen) Rede *In toga candida* das verbrecherische Vorleben, den unverschämten Stimmenfang und die Umsturzpläne eines Antonius und Catilina schonungslos bloßgestellt. Darum erhielt er bei der Wahl sämtliche Stimmen. Antonius holte gegenüber Catilina einen knappen Vorsprung heraus und wurde damit Ciceros Kollege im Amt.

Sallust will die darauf folgenden Vorbereitungen zur Rebellion, die erst im nächsten Jahre ausbrach, als sehr bedrohlich hinstellen. Deshalb läßt er Catilina nach seiner Wahlniederlage schon bald wieder rastlos tätig sein; jetzt zieht er sogar Frauen in seinen Verschwörerkreis.

25 Vorbereitet durch Kap. 24 wird Sempronia charakterisiert. Obwohl diese Lebedame nur eine Nebenrolle spielt (vgl. 40,5), hat ihr Sallust breiten Raum gegeben. Vielleicht wollte er den Bericht über Ciceros Wahlsieg (23,5–24,2) durch zwei ›Frauenkapitel‹ rahmen: Fulvia hilft der *res publica* (23,2–4), Sempronia hält zur *coniuratio* (25). Eher aber wollte er ein weibliches Gegenstück zu Catilina gestalten, wollte dessen männlichem Radikalismus, Eigennutz und verworfenem Abenteuertum die ebenso gefährliche weibliche Skrupellosigkeit, Genußsucht und liederliche Eleganz gegenüberstellen. Möglicherweise wollte er in dieser einen Frau auch die Emanzipation vieler vornehmer Damen treffen, die seinen strengen Moralbegriffen widerstrebte.

26 Dieser Abschnitt markiert einen deutlichen Einschnitt: Catilina fällt auch bei der Konsulwahl des Jahres 63 durch und beschließt daraufhin offenen Krieg gegen den Staat.

Damals hatten sich vier Kandidaten um das Konsulat beworben: Catilina, Ser. Sulpicius Rufus, L. Licinius Murena und D. Iunius Silanus. Welche Hoffnungen sich Catilina tatsächlich machte, schildert Cicero in seiner *Rede für Murena* (49):

»Man sah Catilina munter und froh, begleitet von einer Schar junger Männer, umgeben von Spionen und Banditen, aufgebläht von der Aussicht auf das Konsulat und den Versprechungen meines Amtskollegen, wie er selbst sagte, umschwärmt von einem Trupp Kolonisten aus Arretium und Faesulae; diesen Haufen verschiedenartiger Elemente zierten dann noch Menschen, die in der sullanischen Unglückszeit ruiniert worden waren. Aus seiner Miene sprach der Radikalismus, aus seinem Blick das Verbrechen, aus seinen Reden die Anmaßung, so daß es den Anschein hatte, als sei das Konsulat für ihn bereits eine ausgemachte und eingebrachte Sache.«

Fast wäre es gelungen, Catilina als Bewerber auszuschalten; denn der Konsul Antonius distanzierte sich von ihm (Cicero hatte ihm dafür die reiche Provinz Makedonien zur späteren Verwaltung überlassen und sich mit Gallien südlich der Alpen begnügt), Cato bedrohte ihn mit einer Anklage und Cicero brachte ein verschärftes Gesetz gegen Wahlbestechung (*lex Tullia de ambitu*) durch, ließ den Wahltermin verschieben und den Senat über den Fall beraten, allerdings ergebnislos.

Am Wahltag selbst versuchte es Catilina noch mit einem Attentat auf Cicero und die Mitbewerber. Wegen der starken Sicherungsmaßnahmen des Konsuls verlief die Wahl aber ruhig; Erfolg hatten Murena und Silanus. Catilina ergriff nun die Mittel der Gewalt.

27–28 Jetzt werden Revolutionsarmeen in verschiedenen Gebieten Italiens aufgestellt und von Catilina bedrohliche Aktionen in Rom durchgeführt. Cicero warf das alles seinem Gegner in einer Senatssitzung (1. Rede gegen Cat. 8–9) vor: »Ich behaupte, daß du in der vorletzten Nacht in der Sichelmachergasse – ich möchte da ganz offen vorgehen – in das Haus des Markus Laeca gekommen bist und daß sich ebendort noch weitere Komplizen deines verruchten Wahnsinns zusammengefunden haben … Da hast du die Gegenden Italiens aufgeteilt, hast bestimmt, wohin ein jeder zu gehen habe, hast ausgesucht, wen du in Rom zurücklassen und wen du mitnehmen wollest, hast die Stadtteile für die Brandstiftungen abgegrenzt; da hast du erklärt, du wollest nunmehr aus Rom fortgehen, müßtest freilich noch eine kleine Weile warten, weil ich immer noch am Leben sei. Da fanden sich zwei römische Ritter, die dich von dieser Sorge befreiten und versprachen, mich noch in der gleichen Nacht kurz vor Tagesanbruch in meinem Bett umzubringen. Das alles habe ich erfahren, kaum daß ihr eure Zusammenkunft noch ganz aufgelöst hattet. Ich sicherte und schützte mein Haus durch ein stärkeres Aufgebot; den beiden, die du mir zum Morgengruß geschickt hattest, ließ ich den Eintritt verwehren …«

29 Nun muß der Senat endlich Gegenmaßnahmen ergreifen; er hatte fast schon zu lange gezögert, weil er immer auf restlose Aufklärung drängte. Wie das geschah, deutet Sallust nur an, genauer berichtet es der Grieche Plutarch (Cicero 15):

»Als sich die Truppen Catilinas in Etrurien sammelten und formierten und der für den Angriff festgesetzte Tag nahe war, da kamen um Mitternacht die ersten und mächtigsten Männer Roms, Marcus Carassus, Marcus Marcellus und Scipio Metellus zu Ciceros Haus. Sie pochten an das Tor, riefen den Türhüter und verlangten, Cicero zu wecken und ihre Anwesenheit zu melden. Es gab folgendes: Nach dem Abendessen hatte dem Crassus sein Türhüter Briefe übergeben, die von einem unbekannten Mann überbracht worden waren, an verschiedene Personen adressiert, darunter ein anonymer an Crassus. Diesen allein hatte Crassus gelesen; da der Text besagte, es werde durch Catilina ein großes Morden erfolgen, und den Rat enthielt, die Stadt zu verlassen, so erbrach er die übrigen nicht, sondern ging sofort zu Cicero, bestürzt über den schrecklichen Inhalt und zugleich in der Absicht, sich von dem Verdacht zu lösen, in dem er wegen seiner Freundschaft mit Catilina stand. Nach einer Beratung rief nun Cicero mit Tagesanbruch den Senat zusammen, übergab die mitgenommenen Briefe den Adressaten und befahl ihnen, sie öffentlich vorzulesen. Alle sprachen in gleicher Weise von dem Anschlag. Als darauf auch Quintus Arrius, ein ehemaliger Prätor, von den Truppenansammlungen in Etrurien berichtete und die Meldung kam, daß Manlius mit einem starken Heerhaufen bei jenen Städten operiere und immer auf neue Berichte von Rom warte, kam der Senat zu dem Beschluß, die Entscheidungen in die Hände der Konsuln zu legen, daß sie nach bestem Können für das Wohl und die Rettung der Stadt sorgten.«

Man wußte also: am 27. Oktober sollte das Revolutionsheer in Etrurien losschlagen, am nächsten Tage sollte in Rom der Umsturz mit Brandstiftung und mit der Ermordung von Senatoren beginnen. In dieser gefährlichen Lage erhielten die Konsuln am 21. Oktober außerordentliche diktatorische Vollmacht mit der herkömmlichen Formel: »Die Konsuln sollen achtgeben, daß der Staat keinerlei Schaden nehme.« Es fällt auf, daß Sallust dieses dem Römer geläufige *senatus consultum ultimum* erläutert. Offenbar deutet er damit an, daß die spätere Hinrichtung der Catilinarier seiner Auffassung nach gerechtfertigt war.

30 Sallust zeigt, welche Maßnahmen der Senat – Cicero schaltet ihn trotz *senatus consultum ultimum* immer wieder ein – gegen die Umsturzbewegung trifft, nachdem einem Bericht zufolge am 27. Oktober in Etrurien die Rebellion offen ausgebrochen war. Vor allem werden vier Heerführer für den Gegenschlag bestimmt und nach Norden (Faesulae), Süden (Capua und Apulien), Osten (Picenum) losgeschickt sowie hohe Belohnungen für den Verrat an der Verschwörung ausgesetzt. Die neben der Freiheit (*libertas*) zugesagten 100 000 Sesterze für einen Sklaven (*servus*) entsprechen etwa dem sehr hoch veranschlagten Kaufpreis für einen ausgebildeten Sklaven.

31–32 Die Lage spitzt sich zu: Die Bevölkerung Roms gerät in Aufregung, Catilina macht weiter, obwohl jetzt die militärische Macht des Staates mobilisiert wird und gegen ihn eine Klage wegen Gewaltanwendung (gemäß der *lex Plautia de vi*) läuft. Geschichtlich ist erst jetzt die 27,3–4 erwähnte Verschwörerversammlung bei M. Porcius Laeca abgehalten und das Attentat auf Cicero versucht worden.

Um den Senat zu einer endgültigen Entscheidung zu drängen, berief Cicero für den 8. November eine Sitzung im Tempel des Iuppiter Stator ein. Catilina erschien auch und spielte den Unschuldigen – eine schwierige Situation für Cicero, weil er noch keine stichhaltigen Beweise hatte. In dieser Sitzung hielt er seine (im Jahre 60 herausgegebene) *1. Rede gegen Catilina* mit ihrem hochstilisierten Anfang: »Wie lange, Catilina, willst du denn noch Mißbrauch treiben mit unserer Geduld? Wie lange wird deine Raserei sich noch bei uns aufspielen? Bis zu welcher Grenze wird sich deine zügellose Frechheit vorwagen? Haben denn die nächtlichen Schutzmaßnahmen auf dem Palatium auf dich keinerlei Eindruck gemacht, keinen Eindruck die Wachen in unserer Stadt, keinen die Angst der Bevölkerung, keinen der Auflauf aller staatstreuen Bürger, keinen diese stark abgesicherte Versammlungsstätte des Senats, keinen die Blicke und Mienen der Anwesenden? Merkst du nicht, daß deine Pläne offenkundig sind? Siehst du nicht, daß sich deine Verschwörung bereits festgefahren hat, weil alle Anwesenden sie kennen?« Ciceros Rede schürte den Haß der Senatoren so sehr, daß Catilina schließlich wütend das Senatsgebäude verließ und noch in der Nacht aus Rom verschwand. »Er ging weg, er entwich, er riß aus, er brach aus« (*Abiit, excessit, evasit, erupit*), berichtete Cicero am nächsten Tag dem Volk in seiner *2. Rede gegen*

Catilina (1). Gewonnen war nicht viel; denn Catilinas Anhänger blieben in Rom, und er selbst drohte bald mit einem großen Heer zurückzukehren.

Von nun an verläuft das Geschehen in zwei Strängen: Rom und Etrurien bilden die Schauplätze.

33–35 Zusammenstellung der Noten und Briefe der beiden Rädelsführer der Verschwörung: Die Note des Manlius, der eben losgeschlagen hatte, an den Heerführer Q. Marcius Rex, der nach Faesulae entsandt war (30,3), möchte den Aufstand in Etrurien als verzweifelte Selbsthilfe einer verarmten und rechtlich benachteiligten Bevölkerung hinstellen. Tatsächlich war dort die wirtschaftliche Lage durch die Landenteignungen zur Ansiedlung von über 100 000 sullanischen Veteranen katastrophal geworden, und die Gerichte haben nicht immer das Verbot des Zinswuchers (bis zu 50%) und der Schuldhaft in ihrer Rechtsprechung beachtet. Die Antwort des Feldherrn darauf fällt knapp genug aus!

Catilina möchte in seinen Briefen an führende Persönlichkeiten seinen Weggang aus Rom als Resignation und freigewählte, verantwortungsbewußte Selbstverbannung hinstellen – und weiterhin den Unschuldigen spielen. Dieser Tarnversuch wird von Sallust sofort bloßgestellt; ein absichtlich hier eingerückter, tatsächlich aber zu einem späteren Zeitpunkt geschriebener Brief Catilinas an seinen vermeintlichen Gönner Q. Lutatius Catulus – ihm verdankte er den Freispruch im Prozeß wegen Verführung der Vestalin Fabia (vgl. 15,1) – spricht nämlich seine wahren Motive deutlich aus: seine *ambitio* und seine *avaritia*.

Dann folgt schon die alles entscheidende Tat: Catilina maßt sich die Abzeichen eines amtierenden Konsuls an und begibt sich wie ein Imperator zum aufständischen Heer (36,1).

36,1–3 Die Fortsetzung der Linie von Kap. 32 führt zum Höhe- und Wendepunkt: Catilinas ›Gegenkonsulat‹ ist eine Kampfansage an die rechtmäßige Regierung; diese erklärt ihn und Manlius zu Staatsfeinden, stellt sie damit außerhalb des Rechts und macht mobil.

36,4–39,5 In der Mitte (!) des Werkes steht ein Exkurs mit einer schonungslosen Diagnose der politischen Lage, nüchtern und frei von moralischen Konstruktionen; sie zeigt vor allem die wirklichen Ursachen der Massenbewegung, die selbst ja nur das Symptom einer schweren inneren Krankheit ist. Ursache war einerseits das soziale Elend: Die großstädtische Plebs war verarmt oder entwurzelt oder fühlte sich ›zu kurz gekommen‹, die Jugend war vielfach arbeitslos, eine andere Gruppe wieder fast rechtlos. Ursache war andererseits die Polarisierung der Führungsschicht: zwei ›Parteien‹ kämpften bis zum Fanatismus für ihre Gruppeninteressen. Die Vertreter der einen Gruppe, die Optimaten, verteidigten die Vorherrschaft der Nobilität und strebten nach Mehrung des eigenen Einflusses und Besitzes, die Vertreter der anderen Gruppe, die Popularen, stützten sich auf das Volk und suchten dessen materielle und rechtliche Lage zu bessern. Jede ›Partei‹ wollte möglichst viele Anhänger und Klienten gewinnen: das brachte Stimmen bei den Wahlen, denn da entschied das Volk. Deshalb auch drängten ehrgeizige junge Männer gern in das Amt des Volkstribunen. Eben weil man damals das Volk unschwer für die persönliche politische Karriere gebrauchen konnte, kam es unter den Parteileuten zum rücksichtslosen Machtkampf mit verlogenen Parolen und kaschierten Egoismen bis zum Verlust der Staatsgesinnung.

39,6–41 Cicero erlangt endlich stichhaltiges Beweismaterial gegen die Verschwörung und kann dadurch gezielt vorgehen. Über seine Absichten sagt er selbst (3. Rede gegen Cat. 4):

»Sobald ich sah, daß gerade die Leute, deren radikalsten, verbrecherischen Fanatismus ich kannte, bei uns in Rom zurückgeblieben waren, habe ich alle Tage und Nächte darauf verwendet, zu erfahren und zu sehen, was sie trieben und ins Werk setzten, und – weil bloße Worte wegen der unglaublichen Schwere des Verbrechens in euren Ohren zu geringen Glauben gefunden hätten – das Unternehmen so eindeutig zu überführen, daß ihr endlich mit ganzem Herzen für eure Rettung sorgen würdet …«

Den Verschwörern in Rom wurde zum Verhängnis, daß sie sogar die seit fast 60 Jahren unterjochten keltischen Allobroger (die zwischen Rhône und Isère siedelten) für sich einspannen wollten und mit deren Gesandten Verbindung aufnahmen. Über ihren römischen Vertrauensmann Q. Fabius Sanga erhielt Cicero Kenntnis von der Sache. So siegte der gute Stern des Staates. Wie bedrückend, daß keltische ›Barbaren‹ die Zukunft Roms mitbestimmten!

42–43 In die Allobroger-Handlung eingeblendet, gehören diese Szenen trotz der verschiedenen Schauplätze eng zusammen. In Picenum und Gallien erfolgen bereits Verhaftungen einiger Rädelsführer; in Rom aber entwerfen die Verschwörer noch große, geradezu gespenstische Aktionspläne, die jedoch nicht in die Tat umgesetzt werden. Offenbar wollen die meisten warten, bis Catilina gegen Rom marschiere; erst wenn er bei Aefula stehe – das Bergstädtchen in der Nähe Roms hätte sich als Angriffsbasis gut geeignet –, solle das Brennen und Morden beginnen, nach Cicero (3. Rede gegen Cat. 10) während des Saturnalienfestes am 17. Dezember.

44–45 Das Ende der Allobrogergeschichte: Die Anführer der Verschwörung geben den keltischen Gesandten für ihre Stammesgenossen eidesstattliche Erklärungen mit, und Lentulus, jetzt der nicht sehr geschickte Kopf der Verschwörung in Rom, will sie mit Volturcius als Begleiter bei Catilina vorbeischicken. Lentulus möchte die aufständischen Truppen mit Sklaven verstärken, was Catilina ablehnt (vgl. 56,5). Deshalb gibt er ein ›verschlüsseltes‹ Schreiben mit, das nach Cicero (3. Rede gegen Cat. 12) so lautete:

»Wer ich bin, erfährst du von dem, den ich dir sende. Zeige dich als Mann und bedenke, wie weit du gegangen bist. Sieh zu, wozu du nunmehr gezwungen bist, und kümmere dich darum, daß du dir von jedermann Hilfe verschaffst, auch von den Schwachen.«

In der Nacht vom 2. zum 3. Dezember wird das Gefolge der Allobroger an der Mulvischen Brücke über den Tiber im Norden Roms abgefangen. Cicero schildert in seiner *3. Rede gegen Catilina* (5–6) die bestens geplante Aktion in großer Ausführlichkeit.

46–47 Nach der Erfolgsmeldung an Cicero folgt die Senatssitzung am 3. Dezember im Concordiatempel. Als dort die Verschwörer des Hochverrats überführt waren, hätte sie Cicero aufgrund des am 21. Oktober erklärten Ausnahmezustands juristisch einwandfrei ohne die Möglichkeit einer Berufung an das Volk sofort hinrichten lassen können. Das hätten aber viele nicht gebilligt, vor allem die Popularen nicht. Deshalb ist Cicero so unsicher und unruhig, deshalb schaltet er immer wieder den Senat ein und läßt ihn entscheiden, deshalb verhält er sich geradezu ängstlich korrekt: Er verhaftet Lentulus als ehemaligen Konsul und amtierenden Prätor persönlich in der altrömischen Form der ›Handanlegung‹ und veranlaßt damit die Aufhebung seiner Immunität; deshalb öffnet er die belastenden Schriftstücke effektvoll erst in Anwesenheit der Senatoren. Weil die Schuldigen vornehmen Standes waren, wurden sie in Privathaft angesehener Bürger gegeben, die natürlich für sie verantwortlich waren.

48–49 Ein Exkurs schildert, wie das Volk auf die Entdeckung der Verschwörung reagiert und wie gespannt die Atmosphäre im Senat ist. Man spürt das besonders aus dem Verhalten der Senatoren in der Sitzung am 4. Dezember nach Nennung des Namens Crassus und aus der Stimmungsmache gegen Caesar. Ob die Verdächtigungen den Tatsachen entsprachen, läßt Sallust in der Schwebe; er will wohl nur zeigen, wie abhängig die Senatoren schon damals von den beiden Mächtigen waren, von welchen persönlichen und wirtschaftlichen Motiven die verschiedenen Gruppen geleitet wurden und wie verfilzt die Politik der Parteien war.

50 Bericht über Befreiungsversuche der Catilinarier und über die Senatsverhandlung am 5. Dezember im Concordiatempel betreffs der Strafzumessung.

Im allgemeinen verlief eine Senatssitzung in der Weise, daß nach der Berichterstattung des einberufenden Beamten die einzelnen Senatoren in einer bestimmten Reihenfolge (gemäß Rang, Alter, Herkunft) ihre Meinung äußerten. Falls fürs nächste Jahr schon Beamte gewählt waren, sprachen diese vor den früheren Beamten derselben Rangstufe. Der Leiter der Versammlung bestimmte schließlich, über welche *sententia* abgestimmt werden sollte; das geschah dadurch, daß man auf die Seite dessen trat, dem man beipflichtete.

Der historische Verlauf unserer Sitzung war gemäß weiteren Quellen folgender: D. Silanus, als Konsul des kommenden Jahres der erste Sprecher, beantragte für die Schuldigen die ›äußerste Strafe‹ (*summum supplicium* oder *ultima poena*). Die Senatoren faßten das Wort als ›Hinrichtung‹ auf, und die folgenden Sprecher plädierten in die gleiche Richtung. Als aber Caesar, einer der nächstjährigen Prätoren, an der Reihe war, beantragte er die mildere Strafe einer lebenslangen Haft mit Vermögenseinzug und machte damit großen Eindruck. Der frühere Prätor Ti. Nero wollte nun vermitteln und schlug mit dem Hinweis auf den Druck der Sicherungsmannschaften eine Vertagung vor. Cicero konnte damit natürlich nicht einverstanden sein und drängte in seiner *4. Rede gegen Catilina* auf sofortige Entscheidung.

Bei der nun folgenden zweiten Umfrage erklärten sich Silanus und die anderen Sprecher (außer Q. Catulus) für Caesars Antrag. Cato aber, einer der nächstjährigen Volkstribunen, riß durch seine Rede die Meinungen wieder herum, so daß der Senat zuletzt mehrheitlich für die Todesstrafe stimmte. (Als Caesar wenigstens noch den Fortfall des Vermögenseinzugs herausholen wollte, kam es zu dem 49,4 berichteten Tumult.) Cicero handelte nun sofort (vgl. 55).

51–52 Veranschaulicht wird jetzt das Ringen um das Strafmaß durch die von Sallust nebeneinander gestellten entscheidenden Reden. Aus den sonstigen Quellen weiß man nur, daß Caesar die Catilinarier zwar scharf verurteilte, aber doch deutlich auf das Sempronische Gesetz vom Jahre 123 hinwies, das die Hinrichtung eines römischen Bürgers ohne ordentlichen Prozeß und ohne Wahrung seines Provokationsrechtes verbot; ferner, daß er lebenslängliche Haft mit Vermögenseinzug als härtere Strafe hinzustellen versuchte, daß er vor den gefährlichen Folgen eines Präzedenzfalles und vor der Rache der Popularen warnte. Von der Rede Catos weiß man historisch nur, daß er seinen Schwager Silanus wegen seiner Meinungsänderung heftig angriff, daß er wegen der Gefährdung des Staates sofortige Hinrichtung verlangte und daß er Caesars Bemühungen um ein ›gesetzliches‹ Verfahren als Winkelzüge bloßstellte und sogar auf seine Beziehungen zu den Aufständischen offen hinwies. Caesars realistisch-staatsmännische, die Zukunft bedenkende Rede gruppiert Sallust um eine Mitte, Catos idealistisch-demagogische, die Gefahr der Gegenwart beschwörende Rede gliedert er in drei etwa gleich lange Teile. Die Hauptgedanken beider Reden hat er nicht verändert, aber im einzelnen sicher vieles umgestaltet, anders akzentuiert, stilisiert und ins Allgemeingültige gehoben. Gewiß aber sieht er beide Redner schon im Licht ihrer späteren Bedeutung, und Cato spricht ähnlich wie einst der berühmte Censor.

53–54 Ein letzter Exkurs: Nicht Cicero, nicht sonst ein Senator hatte in der schicksalhaften Sitzung die Entscheidung herbeigeführt, sondern das Rededuell zwischen Caesar und Cato. Das veranlaßt Sallust zu fragen, was denn letztlich solche Entscheidungen und die Leistungen des römischen Volkes überhaupt ermöglicht habe, um (mit einer Gewichtsverschiebung gegenüber Kap. 6–13) zu antworten: die außergewöhnliche Tüchtigkeit nur weniger Bürger, und dann beide tüchtigen Redner in einem Vergleich (Synkrisis) zu charakterisieren. Darüber hinaus wollte er wohl folgendes herausstellen: Im Jahre 63 lebten nicht nur verbrecherische Catilinarier und selbstsüchtige Optimaten, sondern auch Männer wie Caesar und Cato, die beide besondere *virtus* besaßen, freilich einseitig ausgeprägt. Caesar verfügte über Tugenden, die dem Politiker zum Machtgewinn wichtig sind, aber zur sittlichen

Fundamentierung eines Staates nicht ausreichen; Cato hatte Tugenden, die Grundlage eines Staates sein können (und nach Sallust den römischen Staat auch aufgebaut haben), die aber in der politischen Realität zu wenig ausrichten. In der Gegnerschaft beider lag eine Tragik der römischen Politik. Als Sallust ihre Charakteristiken schrieb, waren beide schon tot. Wollte und konnte er dadurch, daß er beiden höchstes Lob zollt, in seiner Zeit zwischen den Fronten ausgleichen?

55 Die Vollstreckung des Todesurteils an den Inhaftierten fand am Abend des 5. Dezember 63 statt. Der Konsul selbst führte Lentulus zum nahen Tullianum-Kerker, vier Prätoren nahmen die anderen. Gefolgt vom Zug der Senatoren und begafft von der Menge wurden die fünf Verschwörer die kurze Strecke über das Forum gebracht und dann dem Henker übergeben. Als Cicero auf dem Forum verkündete: »Sie haben gelebt!«, brach Jubel aus, und das Volk feierte ihn als ›Retter des Vaterlandes‹.

56–61 Bericht vom Untergang Catilinas und seines Heeres: Im Dezember 63 konnte Catilina durchaus noch hoffen, weiter durchzuhalten und aus seinen Anhängern in der Hauptstadt Verstärkung zu bekommen; denn die Feldherrn der Regierungstruppen, besonders Ciceros Mitkonsul Antonius, führten den Krieg schlapp und abwartend. Als sich aber herumsprach, was in Rom geschehen war, verliefen sich die meisten Soldaten Catilinas. So beschloß dieser Anfang 62, den Rest seines Heerhaufens über den Apennin nach Gallien in die Freiheit zu führen. Da versperrte ihm Q. Metellus Celer am Nordabhang des Gebirges den Paßweg, und C. Antonius rückte, von seinem Unterfeldherrn M. Petreius gedrängt, von der Südseite heran. Catilina sah sich eingekreist und zum Kampf gezwungen. In kluger Ausnutzung des Geländes wandte er sich zuerst gegen die Heeresgruppe des Antonius, weil er dort die schwächere Gegenwehr vermutete.

In dieser Lage läßt ihn Sallust eine ›Feldherrnrede‹ halten, die bei aller traditionellen Typik (Notwendigkeit des Kampfes, Darlegung der Situation, Ermutigung, Siegeszuversicht, Gelöbnis vollen Einsatzes) doch den Gedanken der jetzt bitter nötigen Tapferkeit in die Mitte rückt.

Dann gruppieren sich die Heere, und das Schicksal nimmt seinen Lauf. Nach hartem Kampf fällt Catilina wohl im Februar 62 bei Pistoriae mit 3000 Soldaten als echter Führer seiner Leute, der in letzter Stunde noch zu römischer Art zurückgefunden hatte.

TEXTÜBERLIEFERUNG UND VARIANTEN

Der lateinische Text der ›Coniuratio Catilinae‹ ist durch fast zwei Dutzend Handschriften (Hss.) des 10.–12. Jahrhunderts überliefert. Sie gehen auf zwei Archetypen des 6. (?) Jahrhunderts zurück. Dazu kommen noch viele Zitate bei antiken Autoren und einige Papyrusfragmente. Der vorliegende lateinische Text schließt sich der Edition von Alfons Kurfess an, die auch die Varianten enthält.

In eckige Klammern gesetzte Lesarten müssen aus überlieferungsgeschichtlichen, sachlichen oder stilistischen Gründen getilgt werden. In spitzen Klammern stehende Worte sind aus ähnlichen Gründen als Konjekturen einzufügen.

Im folgenden Verzeichnis sind nur wichtige Varianten aufgeführt.

2,8	statt *transigere* in den meisten Hss. *transegere* oder *transiere*
3,2	statt *exaequanda* haben 3 Hss. und Gellius *exequenda*
5,9	⟨*atque optima*⟩ ist Zitat von Augustinus (Civ. Dei 2,18)
6,2	⟨*ita … erat*⟩ nur bei Augustinus (Epist. 138,10) und im Papyrus Oxyrhynchus VI 884
11,3	⟨*et*⟩ nur bei Gellius (Noctes Att. 3,1,2)
14,2	einige Hss. verdeutlichen *manu* durch *alea* (Würfel)
14,5	statt *etiam et* haben mehrere Hss. *aetate*
18,1	statt der bezeugten archaischen Form *quis* haben die Hss. *quibus*
22,2	statt der Konjektur *dicationem* haben die Hss. *dictitare* oder *dicto re*
25,2	[*et*] fehlt in Zitaten des Fronto und Macrobius
31,1	⟨*omni rumore*⟩ und ⟨*adripere omnia*⟩ nur bei Fronto
39,3	*novandi* ist notwendige Konjektur statt *novandis* der Hss.
43,1	*Aefulanum* ist nötige Konjektur statt *Faesulanum* der Hss.
44,3	statt der Konjektur *quisque* haben die Hss. *quaeque* oder *quoque*
	statt der Konjektur *Cortonensem* haben die Hss. *Crotoniensem*
49,1	[*neque precibus*] fehlt im Zitat des Grammatikers Priscian
53,5	⟨*vi*⟩ ist nötige Ergänzung, falls nicht *partu* statt *parentum* zu lesen ist

55,1 [*ad*] einiger Hss. ist zu tilgen oder statt *postulabat* die Form *postulabantur* zu setzen
59,3 *lectos et* fehlt im Zitat des Kommentators Servius
61,2 [*vivos*] ist wohl nur Glosse zum Text

Die der deutschen Rechtschreibung angenäherte Interpunktion des lateinischen Textes soll vor allem die syntaktische Gliederung verdeutlichen und die Lesbarkeit erleichtern. Insbesondere dient bei asyndetischen Dicola bzw. Tricola sowie bei Partizipkonstruktionen die Kommasetzung oft nur zur Kennzeichnung der Sprechtakte.

ZEITTAFEL

108 (?)	L. Sergius Catilina geboren
106	M. Tullius Cicero geboren
101	Sieg der Römer über die Kimbern bei Vercellae
100	C. Iulius Caesar geboren
88	Konsulat des L. Cornelius Sulla (geb. 138)
88–82	Bürgerkrieg zwischen Marius und Sulla
86	7. Konsulat des Marius (mit L. Cornelius Cinna)
86 (87?)	Sallust geboren
88–85	Erster Krieg gegen Mithridates unter Sulla
85–84	Ausbeutung Asiens und Griechenlands durch Sulla
83	Brand des Jupitertempels auf dem Capitol (6. Juli)
83–81	Zweiter Krieg gegen Mithridates unter Murena
82	Sullas Sieg vor der Stadt Rom Rache an den Gegnern, Proskriptionen
82–79	Sullas Gewaltherrschaft und Verfassungsreform
79	Tod Sullas
80–72	Krieg des Q. Sertorius gegen Rom in Spanien
76–72	Rückgewinnung Spaniens durch Cn. Pompeius und Q. Caecilius Metellus Pius
74–66	Dritter Krieg gegen Mithridates unter Lucullus
73–71	Sklavenkrieg unter Spartacus
70	Konsulat des Cn. Pompeius und M. Licinius Crassus Wiederherstellung der Amtsgewalt der Volkstribunen
68	Catilina ist Prätor
67	Beendigung des Seeräuberkrieges durch Pompeius
67/66	Catilina wird Proprätor in Afrika
66	Catilina droht ein Prozeß wegen Erpressung
66–63	Kriegführung gegen Mithridates durch Pompeius
64–63	Neuordnung Asiens und Palästinas Tod des Mithridates (63)
65 (1. Jan.)	Putschversuch in Rom mit Beteiligung Catilinas
64	Wahlniederlage Catilinas, Plan einer Verschwörung
63	Konsulat des M. Tullius Cicero und C. Antonius
August	Erneute Wahlniederlage Catilinas, Entscheidung für Gewaltlösung
Sept./Okt.	Aufstellung einer Armee durch Catilina
21. Okt.	Werbung von Mitgliedern, Terroranschläge Vorlage anonymer Warnbriefe im Senat Senatus consultum ultimum (Notstandsrecht)

27. Okt.	Erhebung der Verschwörer unter Manlius in Etrurien
Ende Okt.	Gegenmaßnahmen des Senats
6./7. Nov.	Versammlung der Verschwörer im Hause des Laeca
7. Nov.	Attentatsversuch gegen Cicero
8. Nov.	Senatssitzung, 1. Rede Ciceros gegen Catilina
nachts	Catilina verläßt die Stadt Rom
Mitte Nov.	Catilina und Manlius zu Staatsfeinden erklärt
Ende Nov.	Einschaltung keltischer Allobroger zur Gewinnung von Beweismaterial
2. Dez.	Anordnung des Überfalls am Pons Mulvius
3. Dez.	Verhaftung mehrerer Verschwörer und Verhör im Senat
4. Dez.	Senatssitzung, Prüfung weiterer Aussagen
5. Dez.	Senatsdebatte über die Bestrafung der Catilinarier
abends	Hinrichtung von fünf Rädelsführern
Mitte Dez.	Vorstoß der Regierungstruppen nach Etrurien
62 (Febr.?)	Endkampf bei Pistoriae, Tod Catilinas
62–61	Prozesse gegen die restlichen Verschwörer
60	Triumvirat zwischen Pompeius, Caesar und Crassus
59	Konsulat des C. Iulius Caesar und M. Calpurnius Bibulus
58	Ächtung Ciceros wegen seines Vorgehens gegen die Verschwörer
57	Rückberufung Ciceros
52	Unruhen in Rom (Clodius und Milo)
	Sallust ist Volkstribun
	Aufstand der Gallier unter Vercingetorix
51	Veröffentlichung der ›Commentarii de bello Gallico‹ Caesars
49–45	Bürgerkrieg zwischen Caesar und Pompeius
48	Ermordung des Pompeius in Ägypten
46	Caesars Sieg bei Thapsus in Afrika
	Freitod Catos des Jüngeren
	Sallust wird Prokonsul in Afrika
44	Ermordung Caesars (15. März)
43	Ermordung Ciceros (17. Dezember)
43/42	Abfassung der ›Coniuratio Catilinae‹
41/40	Abfassung des ›Bellum Iugurthinum‹
40 ff.	Abfassung der ›Historiae‹
34	Sallusts Tod

NAMENVERZEICHNIS

Die Namengebung für Personen haben die Römer von den Etruskern entlehnt. Bei diesen hatte ein Mann zwei Namen: einen Vornamen und den Familiennamen. Die Römer fügten aber noch einen weiteren Namen (oft einen Spitznamen) hinzu, so daß der römische Mann üblicherweise drei Namen hat: Vor- (*praenomen*), Familien- (*nomen gentile*) und Zunamen (*cognomen*). Frauen hatten gewöhnlich nur den Familiennamen (in der weiblichen Form, z. B. Cornelia).

Für die Vornamen sind Abkürzungen gebräuchlich:

A.	= Aulus	P.	= Publius
C.	= Gaius	Q.	= Quintus
Cn.	= Gnaeus	S.	= Sextus
D.	= Decimus	Ser.	= Servius
L.	= Lucius	T.	= Titus
M.	= Marcus	Ti(b.).	= Tiberius

Alle Jahreszahlen sind Jahre vor Christus.

ABORIGINES, sagenhafte Urbevölkerung Mittelitaliens; Name abgeleitet aus *ab origine* »von Anfang an«. 6,1
AEFULA und AEFULAE, Ortschaft südöstl. von Tibur (heute: Tivoli). 43,1
AEMILIUS LEPIDUS, MANLIUS, im J. 66 Konsul (mit L. Volcatius Tullus). 18,2
AEMILIUS PAULUS, LUCIUS, Patrizier, im J. 50 Konsul. 31,4
AENEAS, Sohn des Anchises und der Göttin Aphrodite, trojanischer Held und sagenhafter Gründer der Stadt Lavinium in Latium; von dort aus soll Alba Longa, die Mutterstadt Roms, angelegt worden sein.
ALLOBROGES, keltisches Gebirgsvolk in Gallien zwischen Rhône und Isère, 121 von den Römern unterworfen; weil sie trotz ihrer Mithilfe bei der Entlarvung der Catilinarier keine Besserung ihrer Lage erreichten, empörten sie sich im J. 62, wurden aber 61–60 vom Proprätor Gaius Pomptinus wieder zur Ruhe gebracht. 40,1.4; 41,1; 44,1.3; 45,1; 49,1.4; 50,1; 52,36
ANNIUS, QUINTUS, Senator, Teilnehmer der Verschwörung. 17,3; 50,4

Antonius Hybrida, Gaius, Onkel des späteren Triumvirn Marcus Antonius, 71 Volkstribun, 70 wegen mehrerer Rechtsverletzungen aus dem Senat gestoßen, 66 Prätor. Als geheimer Anhänger Catilinas war er im J. 63 zusammen mit Cicero Konsul, wurde aber von diesem durch eine Abmachung über ihre Provinz zur Neutralität bewogen. Nach Entdeckung der Verschwörung wurde Antonius mit dem Krieg gegen Catilina in Etrurien betraut, gab aber vor der Entscheidungsschlacht bei Pistoriae im J. 62 angeblich wegen eines Fußleidens das Kommando ab. 21,3; 24,1; 26,1.4; 36,3; 56,4 f.; 57,4; 59,4

Apulia, Landschaft an der Ostküste Süditaliens. 27,1; 30,2; 42,1; 46,3

Arretium, ager Arretinus, Stadtgebiet in Etrurien südöstl. von Florenz (heute: Arezzo). 36,1

Asia, Name für drei Gebiete: 1. Erdteil, 2. Kleinasien, 3. römische Provinz (seit 129) im westl. Kleinasien. 2,2; 11,5

Aurelia Orestilla, zweite Frau Catilinas, die aus erster Ehe eine Tochter hatte. 15,2; 35,3.6

Aurelius Cotta, Lucius, Konsul im J. 65 (mit L. Manlius Torquatus); auf seine Anklage hin wurden die beiden für dieses Jahr bereits designierten Konsuln wegen Wählerbestechung abgesetzt und verurteilt. 18,5

Autronius Paetus, Publius, Senator, einer der Putschisten 66/65; als Verschwörer und Vertrauter Catilinas i. J. 62 verurteilt und in die Verbannung getrieben. 17,3; 18,2.5; 47,1; 48,7

Bestia, s. Calpurnius Bestia

Bibulus, s. Calpurnius Bibulus

Bruttius ager, Gebiet an der Südwestspitze Italiens, heute: Calabria. 42,1

Brutus, s. Iunius Brutus

Caecilius Metellus Celer, Quintus, schützte im J. 63 als Prätor das Gebiet von Picenum gegen die Unruhen. Cicero nennt ihn seinen *socius laborum periculorum consiliorum*. 62 verwaltete er die von Cicero an ihn abgetretene Provinz Gallia citerior. 30,5; 42,3; 57,2

Caecilius Metellus Creticus, Quintus, eröffnete als Konsul des J. 69 den Kampf gegen die Seeräuberstützpunkte auf Kreta, erst Pompeius konnte ihn siegreich beenden. Dieser wollte den

seiner Eigenschaft als designierter Prätor hielt er am 5.12.63 seine berühmte Rede über die Bestrafung der Catilinarier. 47,4; 49,1 f.4; 50,4 f.; 52,1.13; 53,6; 54,2 ff.

Iulius Caesar, Lucius, 64 Konsul (zusammen mit C. Marcius Figulus). 17,1

Iunius Brutus, Decimus, Konsul im J. 77, Gatte der an der Verschwörung Catilinas beteiligten Sempronia. 40,5

Iunius Brutus Damasippus, Lucius, ließ als Prätor im J. 82 nach dem Bürgerkrieg zwischen Marius und Sulla viele Senatoren der Gegenpartei töten; nach Sullas Sieg in einer Massenexekution hingerichtet. 51,32,34

Iunius Silanus, Decimus, Stiefvater des Caesarmörders M. Iunius Brutus (aus der ersten Ehe seiner Frau Servilia). 50,4; 51,16.18

Lacedaemonii, die Lakedaimonier (Spartaner) bezwangen nach fast 30jährigem Ringen die Athener und setzten dort 404 eine oligarchische Regierung ein, die Dreißig Tyrannen. 2,2; 51,28

Lentulus, s. Cornelius Lentulus

Lepidus, s. Aemilius Lepidus

Licinius Crassus, Marcus, 114–52, Feldherr und Staatsmann, dessen Reichtum sprichwörtlich war. Im J. 71 Sieger im Sklavenkrieg gegen Spartacus, 70 Konsul zusammen mit Pompeius, dessen politischer Gegner er war, bis Caesar beide aussöhnte und 60 das erste Triumvirat (Dreimännerbund) mit ihnen schloß. Um die Senatsherrschaft zu schwächen, begünstigte er wohl (wie Caesar) die Putschbewegung von 66/65 und unterstützte Catilinas Bewerbungen um das Konsulat für 63 und 62. Im J. 55 erneut mit Pompeius Konsul, 53 bei Carrhae (heute: Harran im Südosten der Türkei) gegen die Parther gefallen. 17,7; 19,1; 38,1; 47,4 f.; 48,4 f. 7 ff.

Licinius Murena, Gaius, 63 Legat in Gallia ulterior (wohl nicht citerior, wie Sallust angibt) für seinen Bruder Lucius, der sich zur Bewerbung um das Konsulat für 62 nach Rom begeben hatte. 42,3

Lutatius Catulus, Quintus, angesehener konservativer Optimat, Konsul des J. 78; er unterlag Caesar bei der Bewerbung um das Pontifikat für 63 und versuchte, ihn als Catilinarier zu belasten. 34,3; 35,1; 49,1 f.

Macedonicum bellum, der 3. Makedonische Krieg (171–168) gegen König Perseus brachte Rom die Herrschaft über Nordgriechenland. 51,5

Manlius, Gaius, Centurio unter Sulla, als Veteran in Faesulae angesiedelt, Teilnehmer an der Verschwörung, sammelte ein Heer in Etrurien, fiel 62 bei Pistoriae. 24,2; 27,1.4; 28,4; 29,1; 30,1; 32,1.3; 36,1 f.; 56,1; 59,3; 60,6

Manlius Torquatus, Titus (oder Aulus), besiegte 340 die Latiner bei Sinuessa; ließ seinen eigenen Sohn hinrichten, weil er sich gegen ausdrücklichen Befehl in einen Kampf mit dem Gegner eingelassen hatte (9,4). Sallust verlegt diese Tat in einen früheren Gallierkrieg. 52,30

Manlius Torquatus, Lucius, Konsul 65 (mit L. Aurelius Cotta). 18,5

Marcius Figulus, Gaius, Konsul 64 (mit L. Iulius Caesar). 17,1

Marcius Rex, Quintus, Konsul 68, Prokonsul 67/66 in Kilikien, stand 63 noch mit seinem Heer vor Rom und wartete (wie Q. Caecilius Metellus Creticus) auf Genehmigung eines Triumphes. 30,2; 32,3; 34,1

Marius, Gaius, 157–86, bedeutender Feldherr und Führer der Volkspartei, der trotz einfacher Herkunft siebenmal Konsul wurde (107, 104–100, 86). Berühmt wurde er vor allem durch seine Siege über die Teutonen bei Aquae Sextiae (102) und die Cimbern bei Vercellae (101). Seine Feindschaft mit Sulla stürzte Rom in einen schlimmen Bürgerkrieg (88–82). 59,3

Massilia, von griechischen Kolonisten um 600 gegründete Stadt am Mittelmeer (heute: Marseille). 34,2

Mauretania, das westliche Gebiet Nordafrikas, Reich des Bocchus, wurde erst unter Kaiser Claudius im J. 42 römische Provinz. 21,3

Mithridates VI. Eupator, 111–63, König von Pontus am Schwarzen Meer, der gefährlichste Gegner der Römer im Osten. 39,1

Mulvius pons, Tiberbrücke nördlich von Rom; über sie führte eine große Heerstraße, die Via Flaminia, von der links die Straße nach Etrurien abzweigte (heute: Ponte Mulvio). 45,1

Murena, s. Licinius Murena

Nero, s. Claudius Nero

Nuceria, Stadt im südl. Campanien an der Appischen Straße (heute: Nocera). 21,3

Orestilla, s. Aurelia Orestilla

verlorenen Schlacht bei Thapsus in Afrika (46) nahm er sich in Utica (deshalb sein Beiname ›Uticensis‹) das Leben, brandmarkte dadurch Caesar als Tyrannen und wurde zum Vorbild aller republikanisch Gesinnten. 52,1; 53,1.6; 54,2 f. 5; 55,1

PORCIUS LAECA, MARCUS, Senator, in dessen Haus in der Nacht vom 6. zum 7. November 63 eine Versammlung der Catilinarier stattfand; im J. 62 angeklagt und verurteilt. 17,3; 27,3

PUNICUM bellum, s. Carthago. 51,6

RHODII, die Bewohner der Insel Rhodos, die nach dem Kriege gegen den Seleukidenkönig Antiochus III. (192–189) für ihre Hilfe von Rom einen Gebietszuwachs in Kleinasien bekommen hatten, blieben im Kriege gegen Perseus von Makedonien (171–168) neutral; wegen dieser ›Untreue‹ nahmen ihnen die Römer ihre kleinasiatischen Besitzungen wieder weg und schädigten ihren Handel. Man ließ sie also nicht straflos ausgehen (wie Caesar in seiner Rede sagt), sondern verzichtete nur auf die geplante Kriegserklärung. 51,5

ROMA, die Stadt Rom. 6–58 passim

ROMANI, die Römer. 6,5; 53,3

SAENIUS, LUCIUS, Senator. 30,1

SAMNITES, wehrhafte Bauernvölker in der Landschaft Samnium in Mittelitalien, von denen die Römer wahrscheinlich den Wurfspeer und den Langschild übernahmen. 51,38

SEMPRONIA, wahrscheinlich Tochter des Sozialreformers C. Sempronius Gracchus, mondäne Gattin des Decimus Iunius Brutus (Konsul im J. 77), Mitwisserin der Verschwörung Catilinas, Mutter des Caesarmörders D. Iunius Brutus Albinus. 25,1; 40,5

SEPTIMIUS, Verschwörer aus Camerina, sonst unbekannt. 27,1

SERGIUS CATILINA, LUCIUS, 4–61 passim, vgl. S. 107

SIBYLLINI libri, alte Weissagungsbücher, die angeblich von der Seherin von Cumae (bei Neapel) einem Tarquinierkönig verkauft und im Jupitertempel auf dem Kapitol aufbewahrt wurden; bei besonderen Anlässen wurden sie auf Anordnung des Senates eingesehen. Nach ihrer Vernichtung beim Brande des Tempels im J. 83 legte man eine neue Sammlung an. 47,2

SILANUS, s. Iunius Turpilius

SITTIUS, PUBLIUS, Abenteurer aus Nuceria, Vertrauter Catilinas, nach dem J. 46 hat er viel für Africa Nova geleistet. 21,3

UMBRENUS, PUBLIUS, Freigelassener, Verbindungsmann der Verschwörer zu den Allobrogern. 40,1 ff.; 50,4

VALERIUS FLACCUS, LUCIUS, 62 Proprätor in der Provinz Asia, 59 wegen Erpressung angeklagt, aber von Cicero (in einer erhaltenen Rede) erfolgreich verteidigt. 45,1; 46,6

VARGUNTEIUS, LUCIUS, Verschwörer aus dem Senatorenstand, versuchte am 7.11.63 morgens (mit C. Cornelius) ein Attentat auf Cicero. 17,3; 28,1; 47,1

VESTA, Göttin des häuslichen Herdes. In ihrem Tempel am Forum hüteten jungfräuliche Priesterinnen, die Vestalinnen, das heilige Feuer; eine Verletzung ihres Keuschheitsgelübdes galt als böses Vorzeichen für den Staat und wurde mit dem Tode bestraft. Die Vestalin Fabia, Stiefschwester von Ciceros Gattin Terentia, wurde 73 mit Catilina wegen Verletzung des Gelübdes angeklagt, aber durch die Hilfe des Q. Lutatius Catulus freigesprochen. 15,1

VOLCATIUS TULLUS, LUCIUS, Konsul 66 (zusammen mit M. Aemilius Lepidus). 18,2

VOLTURCIUS, TITUS, aus Cortona, Anhänger Catilinas und Verbindungsmann zu den Allobrogern, erhielt für seine belastenden Aussagen am 3.12.63 im Senat eine Belohnung. 44,3; 45,3 f.; 46,6; 47,1; 48,4; 49,4; 50,1; 52,36

LITERATURHINWEISE

Die Literaturhinweise führen hauptsächlich neuere Werke und Aufsätze in chronologischer Folge auf, die für die Forschungsgeschichte wichtig sind, Einzelprobleme eingehend behandeln oder bequeme Zusammenfassungen bieten.

Für spezielle Fragen sei auf umfassendere Bibliographien verwiesen. Wertvolle Besprechungen bieten:

H. Dieterich, Sallust, Auswahlbericht über die Literatur 1945–1956, in: Gymnasium 64 (1957), S. 533–554.

C. Becker, Sallust, in: Aufstieg und Niedergang der römischen Welt I 3, 1973, S. 720–754.

Viele Hinweise auf fachdidaktische Literatur bei:

A. Klinz, Sallust als Schulautor, Auxilia 11, Bamberg 1985 (bes. S. 102–104).

Textüberlieferung – Ausgaben – Kommentare – Lexika

A. W. Ahlberg, Prolegomena in Sallustium, Göteborg 1911.

E. Höhne, Die Geschichte des Sallusttextes im Altertum, Diss. München 1927.

R. Zimmermann, Der Sallusttext im Altertum, München 1929.

J. M. Pabón, Sobre la tradición del testo de Salustio, in: Emerita 1 (1933), S. 78–101 und 2 (1934), S. 1–44.

C. Sallusti Crispi Catilina Iugurtha orationes et epistulae excerptae ex Historiis, recognovit A. W. Ahlberg, Leipzig 1919.

Salluste, Catilina, Jugurtha, Fragments des Histoires, texte établi et traduit par A. Ernout, Paris 1941, [7]1967.

C. Sallusti Crispi Catilina, Iugurtha, Fragmenta ampliora post A. W. Ahlberg edidit A. Kurfess, Leipzig 1953, 1981.

H. Haas – M. Gelzer, C. Sallustius Crispus, Catilinae coniuratio, Heidelberg 1953, [4]1964.

L. D. Reynolds, C. Sallusti Crispi Catilina, Jugurtha, Historiarum fragmenta selecta, Appendix Sallustiana, Oxford 1991.

R. Jacobs – H. Wirz – A. Kurfess, C. Sallusti Crispi de coniuratione Catilinae liber, orationes et epistulae ex historiis excerptae, Dublin/Zürich [13]1970.

Die Verschwörung des Catilina. Mit einem Nachwort, mit sprachlichen und sachlichen Erläuterungen ... von W. Steidle, München 1949.

Catilinae Coniuratio, Lehrerkommentar, bearbeitet von B. Harms, Frankfurt a.M./Berlin/München 1962, [3]1971.

De Catilinae coniuratione, Edition, introduction et commentaire de J. Hellegouarc'h, Paris 1972.

De Catilinae coniuratione, kommentiert von K. Vretska, 1. und 2. Halbband, Heidelberg 1976.

H. Drexler, Die Catilinarische Verschwörung. Ein Quellenheft, Darmstadt 1976 (Texte zur Forschung 25).

A. W. Bennett, Index verborum Sallustianus. Alpha-Omega. Lexika, Indices, Konkordanzen zur klassischen Philologie XII, Hildesheim/New York 1970.

J. Rapsch – D. Najock, Concordantia in corpus Sallustianum. Alpha-Omega, Reihe A IX 1 u. 2, Hildesheim 1991.

Biographie und Proömium

G. Funaioli, C. Sallustius Crispus, in: Paulys Real-Encyclopädie der classischen Altertumswissenschaft I A, Stuttgart 1920, Sp. 1913–1955.

W. Schur, Sallust als Historiker, Stuttgart 1934.

K. Büchner, Sallust, Heidelberg 1960, [2]1982.

R. Syme, Sallust, Berkeley/Los Angeles 1964; übers. von U. W. Scholz, Darmstadt 1975.

K. Büchner, Sallustinterpretationen, In Auseinandersetzung mit dem Sallustbuch von Ronald Syme, Der altsprachliche Unterricht X, Beiheft 2, 1967.

W. Allen Jr., Sallust's Political Career, in: Studies in Philology 51 (1954), S. 1–14.

D. C. Earl, The Early Career of Sallust, in: Historia 15 (1966), S. 302–311.

F. Egermann, Die Proömien zu den Werken des Sallust, Sitzungsberichte der Akademie der Wissenschaften in Wien 214, 3, Wien/Leipzig 1932.

U. Knoche, Der römische Ruhmesgedanke, in: Philologus 89 (1934), S. 102–124.

S. Pantzerhielm Thomas, The Prologues of Sallust, in: Symbolae Osloenses 15–16 (1936), S. 140–162.

E. Bolaffi, I proemi delle monografie di Sallustio, in: Athenaeum 16 (1938), S. 128–157.

A. D. Leeman, Sallusts Prologe und seine Auffassung von der Historiographie, I. Das Catilina-proömium, in: Mnemosyne 7 (1954), S. 321–339; II. Das Jugurtha-proömium, in: Mnemosyne 8 (1955), S. 38–48, wieder abgedr. in: Wege der Forschung 46, S. 472–499.

K. Vretska, Sallusts Selbstbekenntnis (Bell. Cat. 3,3 – 4,2), in: Eranos 53 (1955), S. 41–60.

A. La Penna, Il significato dei proemi sallustiani, in: Maia XI (1959), S. 23–43 und 89–119; übersetzt in: Wege der Forschung 94, S. 296–324.

W. Suerbaum, Sallust über die Schwierigkeiten, Geschichte zu schreiben (Cat. 3,2), in: Gegenwart der Antike, Dialog Schule und Wissenschaft 8 (1974), S. 83–103.

J. Malitz, Ambitio mala: Studien zur politischen Biographie des Sallust, Saarbrücker Beiträge zur Altertumskunde 14, Bonn 1975.

S. Ducroux, Échos et ruptures dans les premiers chapitres du Catiline de Salluste, in: Mélanges d'Archéologie et d'Histoire de l'École Française de Rome 89 (1977), S. 99–113.

R. Guerrini, A re publica procul. Il disegno compositivo dell' introduzione al De coniuratione Catilinae, in: Rivista di Cultura classica e medievale 19 (1977), S. 423–443.

A. Grilli, Cultura e filosofia nel proemio della Catilinaria di Sallustio, in: Scripta philologa 3 (1982), S. 133–166.

Politische Einstellung und Geschichtsdeutung

E. Schwartz, Die Berichte über die catilinarische Verschwörung, in: Hermes 32 (1897), S. 554–608; wieder abgedr. in: E. S., Gesammelte Schriften 2, Berlin 1956, S. 275–336.

H. Drexler, Sallust, in: Neue Jahrbücher für Wissenschaft und Jugendbildung 4 (1928), S. 390–399; wieder abgedr. in: Wege der Forschung 94, S. 31–44.

W. A. Bährens, Sallust als Historiker, Politiker und Tendenzschriftsteller, in: Neue Wege zur Antike I 4, Leipzig [2]1929, S. 35–82.

E. Skard, Sallust als Politiker, in: Symbolae Osloenses 9 (1930), S. 69–95; wieder abgedr. in: Wege der Forschung 94, S. 45–73.

K. Vretska, Geschichtsbild und Weltanschauung bei Sallust, in: Das Gymnasium 48 (1937), S. 24-43.

U. Knoche, Der Beginn des römischen Sittenverfalls, in: Neue Jahrbücher für Antike und deutsche Bildung 1 (1938), S. 99–108 und 145–162; wieder abgedr. in: Gymnasium, Beiheft 2 (1962), S. 99–123.

V. Pöschl, Grundwerte römischer Staatsgesinnung in den Geschichtswerken des Sallust, Berlin 1940, Nachdr. 1967.

H. Oppermann, Das Menschenbild Sallusts, in: Gymnasium 65 (1958), S. 185–196.

W. Steidle, Sallusts historische Monographien, Themenwahl und Geschichtsbild, Historia, Einzelschriften, Heft 3, Wiesbaden 1958.

A. La Penna, L'interpretazione sallustiana della congiura di Catilina, in: Studi italiani di filologia classica 31 (1959), S. 1–64 und 127–168.

D. C. Earl, The Political Thought of Sallust, Cambridge 1961, Amsterdam 1966.

K. Büchner, Das *verum* in der historischen Darstellung des Sallust, in: Gymnasium 70 (1963), S. 231–252; wieder abgedr. in: Studien zur römischen Literatur VI, 1967, S. 112–137.

F. D. Marino, Moralità e spiritualità di C. Sallustio Crispo, Neapel 1964.

H. Steinmeyer, Ansätze zu einer Geschichtsphilosophie bei Sallust, in: Der altsprachliche Unterricht VII 2 (1964), S. 5–31.

A. La Penna, Sallustio e la »rivoluzione« romana. I fatti e le idee, Saggi e Biografie 181, Mailand 1968.

D. J. Stewart, Sallust and Fortuna, in: History and Theory 7 (1968), S. 298–317.

K.-E. Petzold, Der politische Standort des Sallust, in: Chiron 1 (1971), S. 219–238.

U. Paananen, Sallust's Politico-Social Terminology. Its Use and Biographical Significance, Suomalaisen Tiedeakatemian Toimituksia, Sarja B Nide 175, Helsinki 1972.

J.-I. Ciruelo, Salustio. Política e historiografía, Barcelona 1973.

E. Tiffou, Essay sur la pensée morale de Salluste à la lumière de ses prologues, Études et commentaires 83, Paris 1974.
A. Klinz, Sallust als Geschichtsdenker, in: Gymnasium 85 (1978), S. 511–526.
C. Venturini, Luxus e avaritia nell' opera di Sallustio (osservazioni e problemi), in: Athenaeum 57 (1979), S. 277–292.
O. S. Due, La position politique de Salluste, in: Classica et Mediaevalia 34 (1983), S. 113–139.
H.-J. Glücklich, Gute und schlechte Triebe in Sallusts ›Catilinae coniuratio‹, in: Der altsprachliche Unterricht 31/5 (1988), S. 23 bis 41.
H. Munding, Catilina 6–13: Der sog. »Sittenexkurs«, in: Anregung 35 (1989), S. 165–178.

Literarische Traditionen

H. Patzer, Sallust und Thukydides, in: Neue Jahrbücher für Antike und deutsche Bildung 4 (1941), S. 124–136; wieder abgedr. in: Wege der Forschung 94, S. 102–120.
P. Perrochat, Les modèles grecs de Salluste, Collection d'Études latines, Série Scientifique 23, Paris 1949.
F. Altheim, Poseidonios und Sallust, in: Studi in onore di P. de Francisci I, Mailand 1956, S. 101–114.
W. Theiler, Ein griechischer Historiker bei Sallust, in: Navicula Chiloniensis Studia philologica Felici Jacoby … oblata, Leiden 1956, S. 144–155.
E. Skard, Sallust und seine Vorgänger. Eine sprachliche Untersuchung, Symbolae Osloenses, Fasc. supplet. 15, 1956.
W. Avenarius, Sallust und der rhetorische Schulunterricht, in: Estratto dai Rendiconti dell' Istituto Lombardo di Scienze e Lettere, Classe di Lettere 89–90 (1956), S. 343–352.
W. Avenarius, Die griechischen Vorbilder des Sallust, in: Symbolae Osloenses 33 (1957), S. 48–86.
A. Klinz, Das Bild des Menschen bei Thukydides und Sallust, in: Der altsprachliche Unterricht III 3 (1957), S. 51–64.
A. Michel, Entre Thucydide et Platon: éloquence et moral chez Salluste, in: Collection de l'École Française de Rome 27, Mélanges offerts à Jacques Heurgon, 1976, S. 641–655.
T. F. Scanlon, The Influence of Thucydides on Sallust, Bibliothek

der klassischen Altertumswissenschaften, N. F. Reihe 2, Bd. 70, Heidelberg 1980.
B. D. MacQueen, Plato's Republic in the Monographs of Sallust, Chicago 1981.
K. Heldmann, Sallust über die römische Weltherrschaft. Ein Geschichtsmodell im Catilina und seine Tradition in der hellenistischen Historiographie, Beiträge zur Altertumskunde 34, Stuttgart 1993.

Darstellungsformen und Sprachstil

A. Kunze, Sallustiana I–III, Leipzig 1892–1897.
S. L. Fighiera, La lingua e la grammatica di C. Sallustio Crispo, Savona 1896, ³1905.
W. Kroll, Die Sprache des Sallust, in: Glotta 15 (1927), S. 280 bis 305.
K. Latte, Sallust, Neue Wege zur Antike II 4, Leipzig 1935, Nachdr. Darmstadt 1962.
E. Skard, Die Bildersprache des Sallust, in: Symbolae Osloenses, Fasc. Supplet. 11, Serta Eitremiana (1942), S. 141–164.
K. Hanell, Bemerkungen zu der politischen Terminologie des Sallustius, in: Eranos 43 (1945), S. 263–276.
P. Perrochat, Les digressions de Salluste, in: Revue des Études latines 28 (1950), S. 168–182.
E. Bolaffi, Le style et la langue de Salluste, in: Phoibos 6/7 (1950/51 und 1952/53), S. 57–96.
A. D. Leeman, Le genre et le style historique à Rome, in: Revue des Études latines 33 (1955), S. 183–208.
K. Vretska, Bemerkungen zum Bau der Charakteristik bei Sallust, in: Symbolae Osloenses 31 (1955), S. 105–118.
Maria L. Paladini, Osservazioni ai discorsi e alle lettere del sallustiano Bellum Catilinae, in: Latomus 20 (1961), S. 3-32.
W. Fauth, Ein römisches Frauenporträt bei Sallust (Coniuratio Catilinae 25), in: Der altsprachliche Unterricht V 5 (1962), S. 34–41.
J. Perret, Salluste et la prose métrique, in: Revue des Études anciennes 65 (1963), S. 330–350.
J. M. Hellegouarc'h, Le vocabulaire latin des relations et des partis politiques sous la république, Paris 1963.

E. Skard, Zur sprachlichen Entwicklung des Sallust, in: Symbolae Osloenses 39 (1964), S. 13–37.

A. Weische, Studien zur politischen Sprache der römischen Republik, Orbis antiquus 24, Paderborn 1966.

A. D. Leeman, Formen sallustianischer Geschichtsschreibung, in: Gymnasium 74 (1967), S. 108–115.

W. D. Lebek, Verba prisca. Die Anfänge des Archaisierens in der lateinischen Beredsamkeit und Geschichtsschreibung, in: Hypomnemata 25 (1970), S. 291–339 [über Sallust].

C. de Meo, Ideologia e stile in Sallustio, Bologna 1970.

W. Bloch, Bedeutungszusammenhänge und Bedeutungsverschiebungen als inhaltliche Stilmittel bei Sallust, Europäische Hochschulschriften, Reihe 15, Band 6, Bern/Frankfurt a. M. 1971.

W. Richter, Der Manierismus des Sallust und die Sprache der römischen Historiographie, in: Aufstieg und Niedergang der römischen Welt I 3, 1973, S. 755–780.

A. Desmouliez, Cicéron et l'ambition littéraire de Salluste, in: Latomus 37 (1978), S. 25–46.

G. Calboli, I modelli dell' arcaismo. M. Porcio Catone, in: Annali dell' Istituto Orientale di Napoli, Sez. ling. 8, Roma 1986, S. 37–69.

H. A. Gärtner, Erzählformen bei Sallust, in: Historia 35 (1986), S. 449–456 und 462–473.

Problemfelder der Coniuratio

E. G. Hardy, The Catilinarian Conspiracy in its Context: a re-study of the evidence, in: The Journal of Roman Studies 7 (1917), S. 153–228.

M. Gelzer, L. Sergius Catilina, in: Paulys Real-Encyclopädie der classischen Altertumswissenschaft II A, Stuttgart 1923, Sp. 1693–1711.

W. Hoffmann, Catilina und die römische Revolution, in: Gymnasium 66 (1959), S. 459–477.

K. Bringmann, Sallusts Umgang mit der historischen Wahrheit in seiner Darstellung der Catilinarischen Verschwörung, in: Philologus 116 (1972), S. 98–113.

G. Ledworuski, Historiographische Widersprüche in der Mono-

graphie Sallusts zur Catilinarischen Verschwörung, Studien zur klassischen Philologie 89, Frankfurt a. M. 1994.
A. Th. Wilkins, Villain or Hero. Sallust's Portrayal of Catiline, American University Studies, Ser. 17, Vol. 15, 1994.

K. Vretska, Der Aufbau des Bellum Catilinae, in: Hermes 72 (1937), S. 202–222; wieder abgedr. in: Wege der Forschung 94, S. 74–101.
F. L. Jones, The First Conspiracy of Catiline, in: The Classical Journal 34 (1939), S. 410–422.
M. Mello, Sallustio e le elezioni consolari del 66 a. C., in: La Parola del Passato 18 (1963), S. 36–54.
Z. Yavetz, The Failure of Catiline's Conspiracy, in: Historia 12 (1963), S. 485–499.
R. Seager, The First Catilinarian Conspiracy, in: Historia 13 (1964), S. 338–347.
W. Wimmel, Die zeitlichen Vorwegnahmen in Sallusts ›Catilina‹, in: Hermes 95 (1967), S. 192–221.

J. Vogt, Cicero und Sallust über die Catilinarische Verschwörung, Frankfurt a. M. 1938, Nachdr. Darmstadt 1966.
K. H. Waters, Cicero, Sallust und Catilina, in: Historia 19 (1970), S. 195–215.

F. Lämmli, Sallusts Stellung zu Cato, Caesar, Cicero, in: Museum Helveticum 3 (1946), S. 94–117; wieder abgedr. in: Wege der Forschung 46, S. 514–551.
H. Last, Sallust and Caesar in the »Bellum Catilinae«, Mélanges de philologie, de littérature et d'histoire anciennes offerts à J. Marouzeau, Paris 1948, S. 355–369; übersetzt in: Wege der Forschung 94, S. 206–223.
L. Schmüdderich, Das Bild Caesars in Sallusts ›Verschwörung des Catilina‹, in: Der altsprachliche Unterricht V 5 (1962), S. 42–51.
W. Schmid, Sallust: Die Reden Caesars und Catos, Terminologie und Ideologie, in: Gymnasium 69 (1962), S. 336–350.
D. Ableitinger, Beobachtungen zur Caesar-Rede in der Coniuratio Catilinae des Sallust, in: Festschrift Karl Vretska, Heidelberg 1970, S. 332–360.
V. Pöschl, Die Reden Caesars und Catos in Sallusts ›Catilina‹, in: Wege der Forschung 94, 1969, S. 368–397.

H. Drexler, Sallustiana, in: Symbolae Osloenses 45 (1970), S. 49–66.
K. Büchner, Zur Synkrisis Cato – Caesar in Sallusts Catilina, in: Grazer Beiträge 5 (1976), S. 37–57; wieder abgedr. in: Studien zur römischen Literatur IX: Römische Prosa, Wiesbaden 1978, S. 174–189.
K. Heldmann, Sallust. Catilina 53, in: Würzburger Jahrbücher für die Altertumswissenschaft, N. F. 15 (1992), S. 195–203.
H. Gugel, Bemerkungen zur Darstellung von Catilinas Ende bei Sallust (Ein Beitrag zur antiken Feldherrntopik), Festschrift Karl Vretska, Heidelberg 1970, S. 361–381.

Aufnahme und Wirkung

A. Kurfess, Der Historiker Sallust in Augustins Gottesstaat, in: Theologische Quartalschrift 1937, S. 341–356.
F. Schindler, Untersuchungen zur Geschichte des Sallustbildes, Breslauer Abhandlungen zur Altertumswissenschaft, Heft 1, Breslau 1939.
E. Bolaffi, Sallustio e la sua fortuna nei secoli, Rom 1949.
A. La Penna, Congetture sulla fortuna di Sallustio nell' antichità, in: Studia Florentina A. Ronconi oblata, Rom 1970, S. 195–206.
O. Leggewie, Die Geisteshaltung der Geschichtsschreiber Sallust und Livius, in: Gymnasium 60 (1953), S. 343–355.
K. Vretska, Die Geisteshaltung der Geschichtsschreiber Sallust und Livius, in: Gymnasium 61 (1954), S. 191–203.
E. Koestermann, Das Problem der römischen Dekadenz bei Sallust und Tacitus, in: Aufstieg und Niedergang der römischen Welt I 3, 1973, S. 781–810.
O. Seel, Quintilian und Sallust: Archaismus, in: Quintilian oder Die Kunst des Redens und Schweigens, Stuttgart 1977, München 1987, S. 96–113.

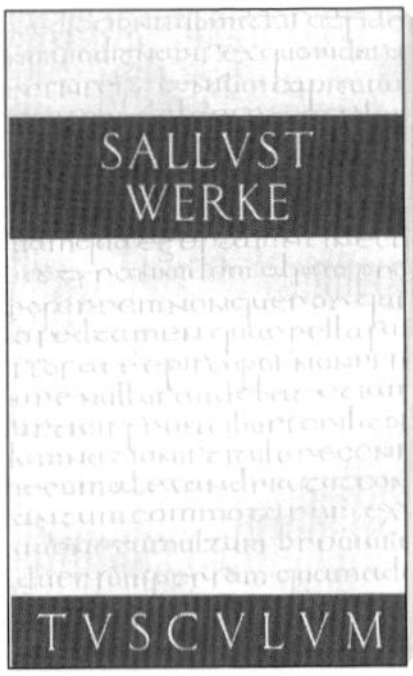

SALLVST
WERKE
TVSCVLVM

CICERO
DIE CATILINARISCHEN REDEN
STUDIENAUSGABEN
LATEINISCH – DEUTSCH
TVSCVLVM

CICERO
DER STAAT
STUDIENAUSGABE
LATEINISCH – DEUTSCH
TVSCVLVM